图文通俗易懂　聚焦百姓生活

上海市第一中级人民法院　编

身边法律事

以案普法手册

中国法制出版社
CHINA LEGAL PUBLISHING HOUSE

图书在版编目（CIP）数据

身边法律事：以案普法手册 / 上海市第一中级人民法院编. —— 北京：中国法制出版社，2024.7
ISBN 978-7-5216-4521-7

Ⅰ.①身… Ⅱ.①上… Ⅲ.①法律－基本知识－中国 Ⅳ.①D920.4

中国国家版本馆CIP数据核字（2024）第100458号

责任编辑　张　僚　　　　　　　　　　　　　　　封面设计　杨泽江

身边法律事：以案普法手册

SHENBIAN FALÜSHI: YI AN PUFA SHOUCE

编者 / 上海市第一中级人民法院
经销 / 新华书店
印刷 / 应信印务(北京)有限公司
开本 / 710 毫米 × 1000 毫米　32 开　　　　印张 / 7.625　字数 / 145 千
版次 / 2024 年 7 月第 1 版　　　　　　　　　　2024 年 7 月第 1 次印刷

中国法制出版社出版

书号 ISBN 978-7-5216-4521-7　　　　　　　　　　　　　定价：35.00 元

北京市西城区西便门西里甲 16 号西便门办公区
邮政编码：100053　　　　　　　　　　　　　　传真：010-63141600
网址：**http://www.zgfzs.com**　　　　　　　编辑部电话：**010-63141663**
市场营销部电话：**010-63141612**　　　　　印务部电话：**010-63141606**

（如有印装质量问题，请与本社印务部联系。）

前言
preface

　　上海市第一中级人民法院长期致力于传播法律知识，坚持以线上线下相结合的方式，将普法工作融入人民群众的日常生活中。

　　线上，精心策划《案件速递》《执行那些事》《家事法官说》《法说日常》等栏目，以文字、漫画、短视频等大众喜闻乐见的形式将法律知识通过官方微信公众号等线上平台带到群众身边，将法的精神融入群众心里。线下，普法团队走进学校、社区、企业，结合受众特点，有针对性地开展普法内容，并先后公开出版《欣法官在线法律问答》《欣法官带你看庭审》《欣法官讲法》三本普法读本，努力营造全社会知法、懂法、用法的良好法治环境。

　　案例是最生动的普法素材。官方微信公众号《案件速递》栏目即是以故事的形式生动讲述与百姓日常生活密切相关的真实法律小案例，并通过法官通俗易懂的解读向百姓普及法律知识，截至2024年6月，该栏目已推出法律小案例200余期。

为贯彻落实"八五"普法规划，践行"谁执法谁普法"要求，切实增强普法宣传实效，上海市第一中级人民法院自2022年以来，精选《案件速递》栏目中的典型案例，陆续汇编《一中说法——您身边的法律小案例》系列普法手册三册，受到人民群众的普遍欢迎。现今，将三本普法手册集结成书，公开出版，以期帮助更多读者获得法律知识，提供解决纠纷的良策。

普法没有休止符，上海市第一中级人民法院将继续以丰富多样的形式开展为民普法行动。更多普法内容，请大家关注上海市第一中级人民法院官方微信公众号（"上海一中法院"），并期待您提出宝贵意见和建议。

上海市第一中级人民法院

2024年6月

目 录
contents

1. 四千元买到了六万元的"肖邦"表?　　　　　　　　　　　1

2. 在直播间花近 10 万元买"翡翠",感觉不值能退吗?　　　7

3. 遭遇无资质医美,消费者可否要求三倍赔偿?　　　　　13

4. 女子接受"血液净化"疗法,结果却……　　　　　　　　20

5. "征信修复",可信吗?　　　　　　　　　　　　　　　　26

6. 游戏公司有权删除休眠账号吗?　　　　　　　　　　　32

7. 早教机构加盟店停业,品牌方要担责吗?　　　　　　　38

8. 新买的二手房竟有两个化粪池窨井!　　　　　　　　　44

9. 开发商说好的人车分流、露天泳池呢?　　　　　　　　51

10. 出租经适房,结果……　　　　　　　　　　　　　　　56

11. 未告知限购政策,中介被起诉!　　　　　　　　　　　62

12. 租房平台人员擅自入室，女租客解约，法院判了……　　68

13. 离异母亲中断两个儿子学业，法院除了判决，还……　　74

14. 婚姻不幸，法律为她们撑起"保护伞"　　79

15. 公婆的房产给了儿媳，原来……　　86

16. 为买学区房"假离婚"成真离婚，财产分割约定有效吗？　　91

17. 离婚协议约定的抚养费能"缩水"吗？　　97

18. 母亲因何得不到两个儿子的抚养权？　　103

19. 同居期间的转账是否能认定为借款？　　107

20. 爸爸没告诉我，就把我的房子抵押了　　113

21. 试用期未通过，她却一口咬定公司违法解约……　　119

22. 应届生落户上海失败，谁之过？　　125

23. 回老家办婚礼，回来后工作没了？　　129

24. 儿童滑板车闯祸，判赔 13 万元！　　134

25. 走着走着撞伤了，咋赔？　　138

26. 跳操扭伤后，教练上前施救，结果……　　142

27. 患者住院期间自杀身亡，医院该不该赔？　　147

28. 被电线绊倒受伤，谁来赔？　　154

29. 她烫伤了闯进家门的"入侵者"，要赔偿吗？　　159

30. 在水上乐园游玩受伤，谁来担责？　　165

31. 女童在托管机构被戳伤眼睛，责任由谁来负？　　171

32. 七旬老人学国标舞，未承想……　　177

33. 台风吹落铁板砸伤路人，谁来赔？　　　　　　　183

34. 女子被劝酒而亡，责任如何划分？　　　　　　　188

35. "砰"！篮球比赛中受了伤，责任归谁？　　　　　195

36. 悬赏发布不实消息近 21 小时，流量 2000 万，

　　担何责？　　　　　　　　　　　　　　　　　201

37. 侮辱救火英雄，判了！　　　　　　　　　　　　207

38. 在微博上诽谤高校老师，法院判了！　　　　　　211

39. 分手后，竟被男友泄露隐私！　　　　　　　　　216

40. 一个入学名额几十万元，真的存在吗？　　　　　222

41. 天降"神医"？百年秘方？　　　　　　　　　　　227

后记　　　　　　　　　　　　　　　　　　　　　　233

1. 四千元买到了六万元的"肖邦"表?

 **案件速览**

花4000余元买了一只"肖邦"手表,到货后才知此"肖邦"非彼萧邦,买到复刻仿货的消费者能否要求赔偿?

上海市第一中级人民法院(以下简称上海一中院)审结了这起信息网络买卖合同纠纷上诉案,二审认定卖家构成欺诈,维持一审退一赔三的判决。

无意买到复刻仿货"名表"

2021年2月20日,小井在某购物平台"怡只表"店铺①看中了一件标价4350元的"肖邦快乐钻系列女士机械表",商品详情介绍,"萧邦Happy Diamonds系列在女士腕表当中非常具有标志性……盘面上转动的钻石是萧邦Happy Diamonds最大的亮点设计所在"。

小井仔细查看了手表照片及文字介绍,很是心动。商品描述中还显示,该手表退货包运费、支持7天无理由退货、假一赔十。看到如此承诺,小井很放心,经与卖家沟通,以4200元买下该手表。

六天后,小井收到快递。小井开心地打开包裹,细细端详,发现附随在包装内的手表购买凭证与POS签购单一张,签购单上标明"瑞士珠宝店",标注价格为6.8万元。

差这么多?这个价格不太对劲啊。

小井立刻与卖家沟通。

小井 "这个品牌没听过,哪里的?"

"瑞士。" 客服

---

① 本书引用案例所涉人名、姓氏、公司名等均为化名。

小井　"手表是肖邦的正品不是假货吧,假货我可不要……"

"代购。" 客服

小井　"是正品的对吧?"

"大复刻。" 客服

小井很生气:"那你怎么不早告诉我!"

小井申请退货退款,却遭到卖家拒绝。小井再次申请,购物平台介入审核后,将货款全额退还给了小井。

小井认为这次购物体验非常差,受到了欺骗,卖家在商品页面承诺假一赔十,然而实际售后却坎坷波折,遂提起诉讼,请求判令卖家退货并十倍赔偿4.2万元,购物平台承担连带责任。

法院审理

各执一词,到底是否构成欺诈?

一审法院查明,"萧邦"品牌为瑞士高级手表珠宝品牌,经官网查询该品牌中的"HAPPY SPORT"系列手表售价为14.8万元。另查明,小井起诉时,案涉手表已经下架。

庭审中，小井陈述，涉案手表的英文名称为"Chopard"，传入中国后采用音译方式，卖家的商品交易快照上以"Chopard"进行宣传，而且在涉案手表详情介绍中也显示了"萧邦 Happy Diamonds"系列，故在品牌上都指向了"Chopard"品牌。

一审法院经审理后认为，卖家的行为构成欺诈，结合过错程度及在案证据，应依据《消费者权益保护法》[①]第55条之规定适用三倍赔偿。而购物平台依法审核了店铺的入驻资质，向小井披露了店铺的相关信息，且涉案商品亦已下架，已完成注意义务。此外，购物平台亦已通过用户协议明确提请的方式将法律关系告知小井。

据此，一审法院判决小井退还卖家涉案手表，卖家赔偿小井1.26万元，并驳回小井的其余诉讼请求。

卖家不服，上诉至上海一中院，主张：我所销售的系"肖邦"牌手表而非国际知名品牌"萧邦"，在销售宣传页面载明的也是"肖邦"，并不存在以假充真。同时，小井理应对"萧邦"牌手表的市场价格有清晰的认知，4200元的价格明显不是正品，不构成误导消费者。

法院：宣传名不副实，未明确告知为仿品，构成欺诈

上海一中院经审理后认为，本案的争议焦点为卖家提供的

---

① 为方便读者阅读，本书省略法律标题中的"中华人民共和国"。

商品宣传是否构成对消费者的欺诈。

首先，从经营者对商品的宣传方式上看，卖家在商品详情介绍中载明"萧邦Happy Diamonds系列"字样，并辅以了"……盘面上转动的钻石是萧邦Happy Diamonds最大的亮点设计所在"等特征描述。"Happy Diamonds"系知名品牌手表"萧邦"的系列产品，卖家在店铺页面中的产品描述与"萧邦"品牌官网中对该系列的描述具有内容上的同一性；在商品交易快照上，涉案手表的表盘刻印了"萧邦"的英文标识"Chopard"，卖家随表提供的签购单则显示涉案手表的金额为6.8万元，而"萧邦"正品手表的市场价格一般在几万元至几十万元不等。

可见，无论是商品介绍还是商品交易快照抑或售后保修卡显示的价格均有指向"Chopard"（萧邦）品牌的意图，足以对普通消费者构成误导。故，虽然卖家抗辩其销售宣传主页所载商品名称为"肖邦"非"萧邦"，但"肖邦"亦可理解为对"Chopard"音译的不同写法，卖家对涉案手表进行的宣传名不副实，构成了对消费者的欺诈。

其次，从消费者对商品的普遍认知上看，"萧邦"属于海外进口的奢侈品牌而非日常生活消费品，普通消费者未必一概知悉该品牌的市场价格。

小井称其购买之前并不知道"萧邦"品牌，仅被其外观所吸引而购买，该辩称尚属合理。

卖家称小井明知正品"萧邦"的市场价以及涉案"肖邦"系仿品之主张缺乏事实依据。

最后，从经营者对消费者的提示义务上看，经营者销售的商品为仿品或高仿品，足以对消费者构成误导的，应该尽到如实提醒并告知的义务。卖家在其店铺页面对涉案手表进行了误导性宣传的情况下，并未增添仿品提示内容，也未对下单的消费者尽到主动告知的义务，仅在小井收货后询问时才承认涉案手表为仿品，故卖家并未尽到经营者的如实告知义务，其销售行为具有欺诈的性质。

据此，上海一中院驳回上诉，维持原判。

法官说法

根据法律规定，经营者所售的商品以假充真属于欺诈消费者的行为，其具体表现形式包括以虚假的商品说明、商品标准、实物样品等方式销售商品，或者利用广播、电视、报刊、网络等大众传播媒介对商品进行虚假宣传，足以误导消费者。《消费者权益保护法》第55条规定，经营者提供商品或者服务有欺诈行为的，应当按照消费者的要求增加赔偿其受到的损失，增加赔偿的金额为消费者购买商品的价款或者接受服务的费用的三倍。

法官提醒，生产者、销售者等商家应依法诚信经营，自觉规范经营行为；消费者在购物时，可多与卖家交流，关注卖家信誉，收货后认真查验，同时注意留存证据，维护自身合法权益，以防被欺诈行为误导。

文：李丹阳

2. 在直播间花近10万元买"翡翠",感觉不值能退吗?

案件速览

在直播间花费近10万元买了两块翡翠原石,本以为能够开出成色漂亮的翡翠,没承想两块都是资质平庸的"便宜货"。消费者认为自己受到欺诈,遂诉至法院,要求退一赔三。

上海一中院审结了这起信息网络买卖合同纠纷上诉案,二审认定双方交易符合射幸合同特征,该原石销售不存在消费欺诈情形,无须退一赔三,驳回了消费者的上诉请求,维持原判。

预期落空：近10万元买了两块"石头"

一日凌晨，方女士正在浏览某购物平台，当刷到一个翡翠直播间时，她立刻被热烈紧张的氛围吸引住，于是便停留在该直播间观看。

"我的天啊！这块原石料子太好了！""边境整货过来，机会难得。""太漂亮了，买回去绝对赚了！""木那高货啊，这是。""买回去做戒面，绝了！"主播激情澎湃的介绍让人热血沸腾，"粉丝"纷纷刷屏留言："这种货太难遇了！""看得今晚都睡不着了。""色辣，满肉。""心狂跳。"

喜欢翡翠的方女士心动不已，几番考虑后她拍下了这块原石，看着直播间里一句句"恭喜"，她为自己捡到这样一个大便宜而感到兴奋。三天后她又在该直播间购买了一块翡翠原石，两块原石共计付款9.8万元。

按照交易惯例，购买了翡翠原石，若无调包假冒等情形，涨跌风险均由购买者自担。付款后，翡翠店铺客服通过购物平台向方女士发送了《客户消费告知书》，载明："1.由于不同手机屏幕存在色差，以实物为准；2.原石有风险，入手需谨慎，主播对原石的介绍仅限其个人观点作以参考，请谨慎考虑；3.翡翠原石经授权采取开窗、扩窗、扒皮、切割等一系列影响二次销售的行为后,无论涨垮,一律不支持退换货;4. 为保证您的权益,务必一单一拍。如您同意本告知书内容,请回复'确认',没有回复'确认'一律默认安排发货。"

方女士均回复"确认",店铺便将两块原石进行开窗,并交由两家鉴定中心鉴定,之后将鉴定证书随原石一起寄送给方女士。

然而方女士收货后,发现这两块原石的品质并不如直播时主播介绍的那样好,再一看鉴定证书,只见鉴定结果显示,两块原石均为翡翠,但证书载明结论仅对开口处作出,对皮壳不作判断。方女士心一沉,感觉自己买亏了,赶紧联系购物平台商议退款事宜,但被店铺以"料子已开窗处理,且影响二次销售"为由拒绝。方女士笃定这两块石头肯定不是翡翠,便自行委托一家鉴定技术服务公司对涉案原石进行鉴定,鉴定结论为干青石。

方女士很气愤,她认为干青石不属于翡翠,自己受到了欺诈,遂诉至法院,请求法院判决店主小张承担退一赔三的惩罚性赔偿责任,合计39.2万元,购物平台对小张的赔偿责任承担连带责任。

法院判决：交易符合射幸合同特征，自担风险

一审法院经审理后认为，"赌石"是指在玉石交易的过程中，由于砾石表面有风化皮壳的遮挡，看不到内部的情况，人们只有根据皮壳的特征或在局部上开的"门子"，凭自身知识、经验来推断玉石内部翡翠的优劣。

根据在案证据，一审法院判定本案双方之间的行为即为"赌石"，属于射幸合同的一种。方女士接受了"赌石"交易的模式，并在交易后对原石进行了切割，现要求退一赔三的诉讼请求于理不合、于法无据，遂驳回了方女士的全部诉讼请求。

方女士不服，她认为店主小张及购物平台称购买原石是"赌石"行为，系企图掩盖价格欺诈的真相。正是因为受到欺诈，她才购买了与实际价值相差巨大的商品，因此商家与平台应退一赔三。方女士遂向上海一中院提起上诉，请求支持一审诉请。

上海一中院经审理后查明，小张提供的原石鉴定证书均载有鉴定人员信息以及计量认证标志，而方女士自行委托的鉴定，鉴定证书上无鉴定人及鉴定人资质号。

上海一中院认为，所谓消费欺诈，即经营者向消费者提供的商品或服务故意"以假乱真"或"以次充好"。本案中，销售标的物为原石，因原石外部附着其他物质，故内部品质与价值存在不确定性，需要购买者根据自身知识、经验进行甄别与判断。一般情形下，如购买者认为原石内部价值不低于销售价格，则会达成交易。故案涉交易符合射幸合同特征。

本案中，小张销售的案涉原石对外宣称系翡翠原石，故如内部材质确系翡翠，即便价值低廉，也非消费欺诈中的"以假乱真"情形。因方女士提供的鉴定证书上并无鉴定人及鉴定人资质号，就民事诉讼中证据的证明力而言，该证书的证明力低于小张随案涉原石提供的证书的证明力。因案涉原石已开口处被鉴定为翡翠，小张不存在"以假乱真"的欺诈行为。同时，方女士未能提供证据证明小张存在"以次充好"的主观故意，也未证明小张曾对案涉原石内部品质作出允诺或保证，故小张也不存在"以次充好"的欺诈行为。

另，小张一方曾就"开窗"风险多次进行提示，方女士均予确认，可以认定其接受"开窗"后不予退换案涉原石的条款约束。

综上，方女士关于小张存在消费欺诈行为的主张不能成立，其在"开窗"后再行要求小张承担退一赔三的赔偿责任以及购物平台承担连带责任，缺乏依据。

上海一中院遂驳回上诉，维持原判。

法官说法

射幸合同，是指当事人之间签订的、包含不确定给付内容的风险性协议。因给付内容取决于合同约定的偶然事件是否发生，协商确定的价格之于双方，均是一个不确定的机会，存在一定的风险性，故此类合同的履行在公序良俗原则中往往被束以更高的要求。合同双方应最大限度地遵循诚信原则，如果在达成交易的合意之初不存在欺诈情形，则任何一方事后不能以标的物实际价值明显高于或低于成交价格主张撤销合同。

古谚有云："射幸数跌，不如审发。"凡事不可只图侥幸，应审慎从事。平台经济时代下，直播带货等新兴销售模式日渐蓬勃，商品种类也日渐多样化。买家在享受消费便利的同时，更应注意网购风险，尤其在面临特殊商品的大额交易时，应在充分了解后谨慎、理性下单，并遵守交易规则。卖家则应充分提示交易风险，告知规则流程，恪守诚信经营，公平公正交易。同时，网购平台应尽其严格审查及监管之责，以共创网络购物健康绿色环境。

文：李丹阳

3. 遭遇无资质医美，消费者可否要求三倍赔偿？

案件速览

2022年3月2日下午，上海一中院公开开庭审理并当庭宣判了一起医疗服务合同纠纷上诉案，某女子在一家美容护肤中心消费170万元进行美容护肤后，渐感身体不适，经举报，发现该中心存在无资质违规从业的服务，遂起诉要求对项目费用退一赔三。

上海一中院经审理，认定该中心已构成消费欺诈，当庭宣判维持一审法院判决，该中心赔偿女子损失66万余元并增加赔偿200万余元，个人独资企业投资人承担连带责任。

女子"灌肠排毒"后身体不适，举报才知美容院无资质

2015年10月起，小琴开始在靓靓专业美容护肤中心（以下简称靓靓美容）接受服务，定制购买了多种美容套餐，期待由内而外地美丽蜕变。

2017年，靓靓美容告诉小琴，中心推出了"钻肝""小肠养护""盆腔净化"等养生项目，具有排毒养颜之功效，搭配"色素管理"进行除皱、祛斑、改善色素沉着，能达到内外兼修的显著效果。小琴听后很心动，付款追加了该系列项目。

然而还未见美容效果，小琴已渐感不适。靓靓美容解释称这是治疗过程中身体的正常反应，小琴将信将疑，继续做了几次项目，但身体状况每况愈下。

小琴感觉很不对劲，遂于2020年3月向区卫健委投诉举报。经立案调查，区卫健委发现靓靓美容并未取得医疗机构执业许可证，但在为小琴提供肝肠排毒、色素管理等服务的过程中运用了灌肠、射频的医学技术方法，提供服务的人员均为非卫生技术人员，遂对靓靓美容作出了行政处罚决定。

2020年11月，靓靓美容又因在店内及微信公众号广告宣传中发布了涉及疾病治疗功能的内容、使用医疗用语受到区市监局处罚，被责令停止发布广告、消除影响并处罚款。对于两次行政处罚决定，靓靓美容均未提起行政复议或行政诉讼。

小琴认为靓靓美容的行为已构成欺诈，遂提起诉讼，请求法院判决靓靓美容退还其已支付的服务、产品费用共计148万余元，并增加三倍赔偿，即444万余元，靓靓美容的个人独资企业投资人安女士承担连带责任。

 **法院审理**

美容院"否认三连"：
服务免费赠送、无欺诈故意、医美不适用"消法"

一审审理中，靓靓美容承认在"钻肝""小肠养护""盆腔净化"等项目中运用了灌肠手段，在"色素管理"项目中运用了射频手段，但辩称其提供的灌肠、射频服务均为免费赠送，收取的仅为食品或化妆品的费用。

审理中，小琴剔除了部分合规的美容项目，调整了主张受欺诈的消费项目及金额，将诉请变更为靓靓美容退还服务费113万余元，并按照三倍标准赔偿341万余元。

一审法院经审理后认为，靓靓美容作为从事美容服务的机构，小琴为生活消费需要购买、使用商品及接受靓靓美容的服务，小琴的权益应受《消费者权益保护法》等相关法律法规的保护。根据区卫健委及区市监局作出的行政处罚决定，靓靓美容并无资质从事医美服务，应认定具有欺诈的故意，并应承担相应的法律责任。

靓靓美容的项目中含有的产品及服务，是捆绑在一起作为一个整体销售和定价的，根据行政机关查实的违法事实以及双方当事人的当庭陈述，一审法院确认小琴因受欺诈造成的损失即已支付的服务费用为66万余元，一审法院遂判决靓靓美容退还小琴66万余元，并依照《消费者权益保护法》的相关规定，增加三倍赔偿即200万余元。同时判决安女士对给付义务承担连带责任。

靓靓美容及安女士不服一审判决，上诉至上海一中院。

靓靓美容及安女士认为小琴在靓靓美容消费4年有余，应明知靓靓美容仅仅是美容机构，并无医疗资质，而靓靓美容也从未对此刻意隐瞒，因此靓靓美容不存在欺诈行为。故请求驳回小琴的全部诉请。

二审：侵犯消费者知情权具有欺诈故意，应退一赔三

上海一中院经审理后认为，本案的争议焦点如下：

首先，关于本案是否适用《消费者权益保护法》的问题。根据本案查明的事实，靓靓美容系专门从事美容服务的机构，自2015年10月起，小琴就在靓靓美容处接受各项美容服务，购买了多种由靓靓美容为其推荐的美容套餐，并实际由靓靓美容为其进行美容服务，而本案系争的灌肠及射频服务亦在上述服务范围之内。

医疗美容服务与医疗行为不同，医美是消费者为了改善自身的容貌及健康状态，满足更高审美需求的生活消费，而非以

治疗疾病为目的的医疗行为，故本案纠纷应纳入《消费者权益保护法》的调整范围。

其次，关于靓靓美容是否构成《消费者权益保护法》第55条第1款所规定的欺诈行为的问题。上海一中院认为，医疗美容具有较高的专业性，尤其是灌肠及射频医疗手段，作为专门从事医疗美容服务的机构，理应知晓其应具备相关资质才可以开展上述服务，并由具有相关卫生技术的人员进行操作。但靓靓美容在缺乏资质的情况下仍然向小琴提供了上述服务，侵犯了消费者的知情权，对小琴的身体健康造成了隐患，应认定具有欺诈的故意。

因此，小琴有权要求靓靓美容依据《消费者权益保护法》的相关规定承担三倍的惩罚性赔偿责任，一审法院根据在案事实认定的赔偿范围及数额于法有据，上海一中院予以认同。

上海一中院驳回上诉，维持原判。

法官说法

本案主审法官杨斯空指出，医美之风盛行，已形成一个覆盖新媒体的新型产业链，却也引发了诸多纠纷。为规范新兴行业的健康发展，应将医疗美容服务纠纷纳入《消费者权益保护法》的调整范围，设立经营者构成"欺诈"的标准，切实维护消费者的合法权益。

一、医疗美容纠纷应纳入《消费者权益保护法》的调整范围

医美服务行业属于新兴行业，但近年来纠纷频发，医疗美容机构未履行告知义务或缺乏相应的医疗资质是矛盾主因。由于医疗美容的专业性，医疗美容机构与消费者之间天然存在明显的信息不对称。对于普通消费者而言，其接受医美服务的直观目的在于提升"颜值"，属于追求更高层次生活的消费，往往缺乏渠道或意识去甄别美容机构的资质，故在现阶段有必要将《消费者权益保护法》的规定适用于医疗美容纠纷，给予消费者特别保护。

二、无资质提供服务或对消费者进行虚假承诺是认定医美机构构成欺诈的重要依据

作为专业美容机构的经营者，其为消费者提供的医美服务往往涉及消费者的人身健康安全，理应知晓要提供相关服务就应具备相应的资质。若美容机构及其具体操作人员不具备相应资质就向消费者提供相关医美服务，或虽有资质却对消费者进行虚假承诺，都应视作其主观上具有欺诈消费者的故意，可适用《消费者权益保护法》中惩罚性赔偿制度，苛责其民事责任。

三、消费者也应提高风险意识，理性消费

近年来，有相当部分诉至法院的医美纠纷，往往是由消费者不满于医美效果，未达到其心理预期而引发的争议。爱美之心人皆有之，本无可非议。但消费者也应意识到，医疗美容的效果除了与医师水平、医疗服务质量等因素有关外，还与消费者自身的体质和术后护理等要素密切相关，具有一定的风险性。在选择医疗美容机构时，消费者应要求医疗美容机构出示相关的医疗资质证明，合理确定诊疗方案，适度消费，保护自身安全。

文：李丹阳

4. 女子接受"血液净化"疗法，结果却……

 案件速览

近年来，市面上频频出现涉及"血液净化"的新型"治疗"，号称可以"净化""排毒""恢复重要器官功能"。

然而，上海一位消费者在接受"血液净化"后，身体竟日渐虚弱。这种"治疗"究竟合法、靠谱吗？

上海一中院审结了这起纠纷上诉案，最终认定消费者与医疗美容机构签订的涉及"血液净化"医疗服务合同无效，维持一审判决，该医疗美容机构三名股东应根据出资范围各自返还张女士治疗款16万元、12.5万元、21.5万元。

女子接受"血液净化"后身体不适，
一查才知机构并无资质

2017年7月，张女士参加了秀丽医疗美容（以下简称秀丽医美）主办的讲座，讲座上"专家"介绍称，秀丽医美的"血能动力疗程"可通过专业机器设备将治疗者的血液导出至仪器设备中"净化""排毒"，再导回至身体中，以达到美容养颜的功效，且有利于恢复重要器官功能。工作人员还现场展示了通过"净化"血液排出的"脏物质"。张女士非常心动，几经考虑，请秀丽医美为她"量身打造"了主打"血液净化"的"血能动力治疗方案"，包括血能靶向治疗、血能动力激活等项目。后秀丽医美又向张女士提供了治疗时间安排表。张女士在确认方案后，分数次向秀丽医美转账共计84.2万余元。

2017年7月至2018年10月期间，张女士多次在秀丽医美法定代表人和业务员的陪同下接受治疗。然而张女士在做完全部的"血能动力疗程"后，身体状况并没有"好转"和"变轻松"，反而出现了全身乏力、双眼红肿、精神萎靡等状况。无奈之下，张女士只得又前往正规医院经过一年多的治疗和调理，身体才逐渐恢复。

张女士十分气愤，觉得自己不光耗费了精力，巨额治疗款也打了水漂。她了解发现，2005年发布的《卫生部关于加强

"血液疗法"管理的通知》（以下简称《卫生部通知》）中称，对于既无基础研究结论，又未经过临床研究的"血液疗法"，一律停止临床应用。张女士又进一步咨询上海某区卫健委，该机构书信答复张女士：秀丽医美并未向有关行政部门申请"血液疗法"的备案或者审批。

张女士由此认为，其接受的"血能动力疗程"是未经审批的违法项目。因原秀丽医美已经注销，张女士便将三名股东告上法庭，请求确认其与秀丽医美签订的医疗服务合同无效，三名股东退还其全部治疗款84.2万余元。

法院审理

一审法院经审理后认为，张女士与秀丽医美确实存在医疗服务合同关系。

从"血能动力疗程方案"及治疗时间安排表中的内容来看，张女士所接受的治疗显然属于"血液疗法"的内容，而秀丽医美并无相关资质。根据转账记录，张女士向秀丽医美转账共计84.2万余元，其中包括肠道毒素清理和皮肤系统排毒7.92万元，对于这两个项目张女士未能提供证据证明其违反卫生行政部门相关规定，所以相应项目费用应酌情予以扣除。

原秀丽医美三名股东并未将解散清算事宜书面通知张女士，同时又曾在清算报告中书面承诺愿意在法律规定的范围内对公司未了事宜继续承担责任，此承诺具有社会公示作用。

　　故一审法院判决，张女士与秀丽医美之间的医疗服务合同无效，秀丽医美应返还张女士76.2万余元，但因秀丽医美已注销，故由三名股东根据出资范围各自返还张女士16万元、12.5万元、21.5万元。

　　原秀丽医美三名股东不服，认为"血能动力疗程"并未直接对血液进行处理，并非"血液疗法"，也不应当参考《卫生部通知》，遂上诉至上海一中院。

　　上海一中院经审理后认为，本案争议焦点为案涉医疗服务合同的效力如何认定。

　　根据《医疗美容服务管理办法》第16条规定，美容医疗机构应根据自身条件和能力在卫生行政部门核定的诊疗科目范围内开展医疗服务，未经批准不得擅自扩大诊疗范围、不得开展未向登记机关备案的医疗美容项目。《卫生部通知》中也明确禁止未获批准的医疗美容机构提供"血液疗法"服务。

　　本案中，结合案涉"血能动力疗程方案"、治疗时间安排表中的内容来看，"血能动力疗程"包含血能靶向治疗、血能动力激活等内容。据张女士的陈述，这些内容均涉及将血液抽出来进行过滤以及向静脉血液滴注不明的液体等操作，三名股东曾在庭审中表示对张女士陈述的上述治疗过程无异议。而这些内容涉及对血液的处理，属于《卫生部通知》规定的通过采集患者血液，进行"净化"等处理，对患者进行"血液疗法"。

　　在未获得许可情形下进行"血液疗法"，将会损害人民群众健康利益和经济利益，有损社会公共利益。从维护公共健康安全及确立正确的社会价值导向的角度出发，对本案情形下合同效力的认定宜从严把握。由于三名股东未能提供证据证明原秀丽医美以及实际提供案涉医疗服务的医疗机构已取得"血液疗法"的审批资格，案涉合同中关于"血液疗法"的诊疗内容应属无效。秀丽医美为获取利润违规执业，危害不特定消费者的健康权益，主观过错明显，应承担合同无效后相应款项返还责任。

原秀丽医美三名股东存在未履行通知义务、未对公司进行依法清算便办理法人注销登记的行为，一审法院判决三名股东在出资范围内各自返还张女士相应钱款并无不当。

综上所述，上海一中院判决驳回上诉，维持原判。

法官说法

本案主审法官任明艳提醒，近年来随着医疗美容行业的迅速发展，因医美活动引发的民事纠纷日益增多。对于消费者来说，爱美是人之常情，但是医美项目的选择事关自身身体健康，因此消费者在选择医疗美容机构和接受相关项目时要理性。首先，必须选择在正规的医疗美容机构接受服务，对于医美机构提供的医疗项目，可要求医美机构出具相关医疗资质证明；其次，要理性对待医美机构对医美项目功能的宣传，可通过互联网查询和核实，切勿被商家眼花缭乱的宣传所诱导；最后，规范合同的签订和证据的保存，如事先进行充分沟通，签订正式合同，留存消费凭证和诊疗记录等，以便权益受损时能够有效维权。

专业医美机构必须经合法登记注册并获得医疗机构执业许可证后方可开展执业活动，且必须在经营许可的范围内由具有资质的专业人员实施医美项目，切勿为了一时利益违规执业，擅自向消费者提供医美服务或使用超出经营许可范围的医疗技术，危害消费者健康、损害医疗监管秩序。

文：李丹阳　方玥人

5. "征信修复"，可信吗？

案件速览

征信出现不良记录，可能会影响贷款、信用卡等银行业务审批，这可咋办？一些公司看准"商机"，打出"征信修复""征信洗白"的旗号，收取高额服务费，但最后往往无法完成修改，却不予退款或"跑路"失联。"征信修复"到底可不可信？被骗的服务费是否能要回来？

上海一中院公开开庭审理并当庭宣判了一起涉"征信修复"服务合同纠纷上诉案，二审认定双方签订的《征信记录申诉咨询协议》无效，改判公司全额返还1.7万元服务费。

花钱修复征信却遭遇"集体失联"

2020年12月，小艾发现自己存在多笔信用卡及贷款长期逾期还款记录。她很着急，这些不良征信记录可能会影响她将要申请的银行贷款。

经朋友介绍，小艾了解到畅畅公司可以帮她修复不良征信记录。小艾很开心，立即着手联系。

经沟通，小艾与畅畅公司于2020年12月23日签订了《征信记录申诉咨询协议》，协议约定，畅畅公司为小艾提供下列咨询服务：征信报告解读与说明，征信报告异议申诉咨询，双方还就服务期限、服务费、双方的基本义务、协议的生效与失效、违约处理等作了约定。

当天，小艾就向畅畅公司支付了服务费1.7万元，并在付款时附言"小艾修复征信"。付款后，畅畅公司的员工邀请小艾建立了"小艾征信修复"微信群，在群内沟通服务事宜。

小艾按照畅畅公司的要求提供了申诉所需材料，并多次在微信群中询问办理情况："离年前只有一个月""年后急用""半个月后能否修复好"。

畅畅公司员工答复："给你加急插队尽量赶在年前""目前银行那边在处理中""在处理中没那么快"。

然而，在2021年1月30日后，小艾再次在群里询问进度，群内便再无人回复，员工们仿佛"集体消失"。3月3日，小艾在群内留言"如果修复不好就退费吧"，还是无人答复。

修复没办成，钱也不退，气愤的小艾向法院提起诉讼，请求判令解除双方签订的《征信记录申诉咨询协议》，畅畅公司返还1.7万元服务费，并支付小艾因维权产生的律师费6000元。

 **法院审理**

一审：协议未涉及征信修复，判决驳回诉请

一审法院经审理后认为，当事人对自己提出的诉讼请求所依据的事实或者反驳对方诉讼请求所依据的事实有提供证据加以证明的责任。没有证据或者证据不足以证明当事人的主张的，由负有举证责任的当事人承担不利后果。

小艾和畅畅公司签订的《征信记录申诉咨询协议》约定的服务范围是征信报告解读与说明、征信报告异议申诉咨询两项内容，并未涉及修复不良征信记录的内容，且畅畅公司的经营范围内也未涉及此项内容。

小艾提出其向畅畅公司支付的费用是为了修复不良征信记录，但并未能提供相关证据予以证明，故小艾的该项主张，法院不予采信。畅畅公司经一审法院合法传唤拒不到庭应诉，视为放弃自己相应的诉讼权利，因此产生的法律后果由其自行

承担。

一审法院判决，驳回小艾的全部诉讼请求。

小艾不服，向上海一中院提起上诉。小艾上诉称，双方签订的《征信记录申诉咨询协议》约定："如在委托服务期间（90日）因乙方原因未能完成征信记录申诉，在双方确认核实与协商后，乙方按本协议中未能申诉成功的比例退还已收的服务费用"，畅畅公司在微信聊天中也承诺为其修复不良征信记录。现委托服务期间届满，畅畅公司仍未提供完整的咨询服务，应当退还服务费，并支付律师费6000元。畅畅公司二审未应诉答辩。

二审改判：协议无效，应全额返还服务费

上海一中院经审理查明，双方签订的《征信记录申诉咨询协议》确实包含小艾上诉所称内容。另查明，协议约定，申诉咨询服务的完成以电话向金融机构核实或征信报告为标准。

二审中，经上海一中院释明，小艾表示，如涉案协议被确认无效，无效后果请求在本案中一并处理。

上海一中院认为，本案的争议焦点在于：1.双方签订的《征信记录申诉咨询协议》是否有效；2.如果《征信记录申诉咨询协议》无效，后果当如何处理。

关于争议焦点1，双方签订的《征信记录申诉咨询协议》应属无效。首先，结合双方签订的协议之约定内容、微信记

录、小艾的付款金额及备注，可以确认双方的真实目的并非简单的征信报告解读与说明以及征信报告异议申诉咨询，而是消除或抹掉小艾业已存在的不良征信记录。其次，我国的征信法规规定，征信记录是对个人或企业信用信息客观真实的记载，不良征信记录如属真实，必须保存5年，且无法删除。最后，本案系争协议因违背公序良俗而无效。小艾所涉的不良征信是其信用情况的客观展现。小艾与畅畅公司签约删除不良征信记录的行为，不仅违反了诚信的个人行为准则，还将扰乱征信业的健康发展，致使社会交易成本增加，并最终损害社会公共秩序。该行为严重违背社会主义核心价值观，给信用社会的创建带来负面影响，不利于善良风俗的弘扬，不应得到支持。

关于争议焦点2，如果《征信记录申诉咨询协议》无效，后果当如何处理。

我国《民法典》第157条规定，民事法律行为无效后，行为人因该行为取得的财产，应当予以返还；不能返还或者没有必要返还的，应当折价补偿。有过错的一方应当赔偿对方因此所受到的损失；各方都有过错的，应当各自承担相应的责任。鉴于本案中小艾与畅畅公司签订的《征信记录申诉咨询协议》无效，畅畅公司依据该协议取得的1.7万元应当返还给小艾。至于小艾请求畅畅公司支付律师费，因律师费系小艾为解决纠纷的自行支出，非协议无效而致的直接损失，上海一中院不予支持。

据此，上海一中院作出如上改判。

2013年3月开始实施的《征信业管理条例》规定，征信业务，是指对企业、事业单位等组织（以下统称企业）的信用信息和个人的信用信息进行采集、整理、保存、加工，并向信息使用者提供的活动。

征信服务可使交易主体以较低的成本了解交易对方的信用状况，一方面可防范交易风险，另一方面也可使具有良好信用的企业和个人获得更多的交易机会。但随着征信的应用领域不断拓展，与征信相关的虚假宣传和诈骗套路也层出不穷。

本案主审法官胡桂霞指出，征信业对于"诚信受益，失信惩戒"的社会信用体系建设以及公平竞争商业环境创建发挥着重要作用。我国的征信法规规定，征信记录不可随意删除。信息主体如认为征信机构采集、保存、提供的信息存在错误，有权向征信机构或者信息提供者提出异议，要求更正。

胡桂霞法官提醒，个人应理性消费、合理借贷、按时还款，出现逾期后应及时还款，切勿相信"征信修复"骗局，诚信守约，共同建设更完善的社会信用体系。

文：李丹阳

6. 游戏公司有权删除休眠账号吗？

案件速览

　　如果用户长时间不登录游戏，游戏公司有权直接删除该账号及账号下的游戏数据和相关信息吗？

　　上海一中院依法审结了一起游戏服务合同纠纷上诉案，依法适用《民法典》第497条，认定游戏公司关于"如用户连续365天未登录游戏，公司有权删除账号"的条款无效。

案情简介

无法换绑，休眠账户还会被强制删除

2020年1月，小王下载了一款热门手机卡牌游戏。下载好后，小王点击"进入注册"，页面弹出了《游戏许可及服务协议》，小王点击了"阅读并同意"，并根据提示完成了实名认证，绑定了手机号。

为了更好的游戏体验，小王前后充值了4000余元购买道具等，并达到了VIP11特权等级。

2020年5月初，小王想换绑一个新手机号，但试了几次都未能成功。小王问客服应如何操作，客服却答复"暂时不支持解绑，之后会进一步优化和改善，抱歉"。

"这么简单的事，还需要优化才能解决吗？"小王很无语，在App中翻看，发现该游戏内《客服-常见问题-账号-如何解绑已经绑定的账号？》中亦载明"为了保证您的账号安全，已绑定的第三方账号无法更换或解除绑定"。"太不合理了！"小王想。

小王想起注册时签订了一份《游戏许可及服务协议》，又细细查阅了协议条款，果然也有不合理之处，尤其是第5.3条："用户充分理解并同意，为高效利用服务器资源，如果用户长期未使用游戏账号登录游戏，公司有权视需要，在提前通知的情况下，对该账号及其账号下的游戏数据及相关信息采取删除等处置措施，上述处置可能导致用户对该游戏账号下相关权益的丧失，对此本公司不承担任何责任……"

　　小王认为，游戏公司的这些规定已经侵犯了用户的合法权益，遂向法院提起诉讼，请求法院确认游戏内的前述两条款内容无效，并要求公司在小王不绑定其他社交账号的情况下，提供游戏账号更换和解除手机号、微信等绑定的服务。

法院审理

一审：不合理限制用户权利，条款无效

　　在一审审理中，游戏公司将服务协议第5.3条的内容变更为"如果用户连续365天未登录游戏，公司有权对该账号及其账号下的游戏数据及相关信息……采取删除等处置措施"，并表示，解绑服务之前在研发，现已正式开通。小王亦在诉讼中实现了不绑定其他社交账号的情况下解绑手机号。

　　一审法院认为，小王与游戏公司间存在服务合同关系。游戏公司向用户提供游戏服务系其主要义务。用户享有享受运营商提供游戏服务的权利。该休眠账号删除条款显然限制了用户的权利。该限制是否合理，需要考量休眠账号所增加的游戏公司的游戏运营管理难度和成本，与用户账户信息被删除后无法恢复之后果间的衡平。

本案中,游戏公司未提供证据证实其因休眠账号而负担了过重的管理运营成本,而删除用户账号带来的严重后果却显而易见。况且游戏公司规定用户连续一年不登录游戏便直接删除账号,所设期限不合理,处置方式亦缺乏交易之诚信。因此,该格式条款对作为用户的小王的权利限制不尽合理,当属无效。

对于小王的另一项诉请,游戏公司已在诉讼中提供解绑服务,小王亦已实现其游戏账号与手机号的解绑。故该诉请法院无须再予支持。

一审法院遂判决小王与游戏公司签订的《游戏许可及服务协议》中的第5.3条无效,驳回小王的其他诉讼请求。

游戏公司不服,向上海一中院提起上诉,请求驳回小王一审中的全部诉讼请求。游戏公司认为,删除休眠账号的主要目的是保护多数用户的利益,打击违规批量注册的账户等。该条款是国内游戏商的通用条款,合理、合法、合规,并不侵犯任何正常用户的合法权益。

二审:超过限度且不合理,属《民法典》规定之无效情形

上海一中院经审理后认为,本案的争议焦点为关于休眠账号的删除条款是否存在法律规定的无效情形。

上海一中院认为,该条款系游戏公司为了重复使用而预先拟定的,其内容具有不可协商性,属格式条款。且该处置措施

将为账号及账号下的道具等带来失权且无法恢复之风险，故该条款是对游戏用户主要权利的限制。根据《民法典》第497条，该类条款是否有效，取决于是否满足合理性要件。

首先，本案中，游戏公司主张该条款系为打击"网络黑产"等目的而设置的，但从当事人的庭审陈述看，设置休眠账号删除条款并非打击"网络黑产"的唯一手段，且休眠账户与"网络黑产"之间并无直接的关联性，游戏公司以此为由限制小王的主要权利，并不合理。

其次，游戏公司主张，大量休眠账号的存在增加了其运营成本，影响了正常用户的游戏体验。但其并未就因此所导致的运营成本之增长、成本增长之幅度、游戏体验是否受到影响及影响程度，且足以达到必须通过删除账户的方式予以解决的程度而举证，故游戏公司据此限制游戏用户的主要权利并不合理。

最后，在对双方权利进行限制与保护时，需要考量是否会导致利益失衡。变更后的休眠条款虽然对休眠期间进行了明确，但并未提供事先提醒或者事后补救等救济措施，该条款仍会使游戏用户面临无救济措施而直接丧失合同主要权利的风险，用户的过失与其承担的风险并不相当。用户必须保持一定的登录频次才能保有主要权利，就此难言良好的服务体验，亦与游戏公司提供优质服务的合同义务不相符合。

综上，涉案休眠账号删除条款，超过了必要限度，对小王主要权利的限制并不合理，属于《民法典》第497条规定的格式条款无效的情形。

上海一中院遂驳回上诉，维持原判。

法官说法

本案主审法官蒋庆琨指出，在国内各大网游公司推出的网络游戏中，休眠账户删除条款普遍存在，对其效力进行何种认定，对于规范网游市场具有重要的引导作用。

关于格式条款效力的认定，《民法典》第497条对原《合同法》第40条之规定进行了完善，对提供格式条款的一方限制对方主要权利、免除或者减轻其责任、加重对方责任的，法律并未全部予以否定性评价，该类格式条款是否有效，取决于是否合理。而"是否合理"的认定标准，是司法实践中需要准确把握的问题。

如何设定合同中的权利与义务，系当事人缔结合同之自由，一般情况下，法律不干涉当事人的意志自由。但格式条款具有事先拟定、排除协商的特征，这使得格式合同提供方在交易中天然具有优势地位。如何认定限制是否合理，在法律没有明确界定的情况下，应结合《民法典》的基本原则、交易习惯、合同目的等进行综合判断。

违反公平原则、诚信原则、不符合交易习惯或者使相对方合同目的落空的格式条款，可以认为限制不合理。本案中，休眠账号删除条款有违公平原则，亦会产生游戏玩家合同目的落空之风险，故法院认定该条款的限制不合理，应属无效。

文：李丹阳

7. 早教机构加盟店停业，品牌方要担责吗？

 **案件速览**

　　当下，消费者越来越看重"品牌"的价值。一个大品牌，往往意味着更好的品质和更多的保障。越来越多的加盟店应运而生。但原本奔着大品牌去购买产品和服务的消费者却遭遇了加盟店停业、退费困难的窘境。在这种情况下，品牌方是否需要担责呢？

　　上海一中院少年家事庭就审理了这样一起案件，最终二审维持原判，驳回了品牌方无须担责的诉请，认定品牌方须对加盟店所负债务不能清偿的部分承担30%的补充赔偿责任。

 案情简介

加盟店忽然关停，消费者维权退费难

乐宝公司是一家早教机构，加盟了知名早教品牌"聪聪宝贝"，对外挂牌也为"聪聪宝贝"。其对外的宣传资料、学员证书等文件中均使用"聪聪宝贝早教中心创智店""聪聪宝贝创智中心"等与"聪聪宝贝"品牌相关的名称。

2019年9月，李先生为两岁的儿子形形报名了这家早教机构，并由形形作为甲方，"聪聪宝贝早教中心创智店"作为乙方，签订了《辅导合约书》，约定甲方向乙方购买早教课程，合同期限一年，共78课时，课时费1.05万元。乐宝公司在该合约书落款处加盖公章。同日，甲方向"聪聪宝贝创智中心"账户支付了全款，乐宝公司开具了收据。

2020年1月，乐宝公司发布《告示》称，原定于春节假日后新学期的开课计划停止执行，并同时暂停全部服务项目，

请家长提供学费缴纳凭证等进行退费操作。

2020年2月，乐宝公司对李先生提供的材料进行整理核对后，向其发

送了《幼儿家长缴费情况和课时消耗统计表》，载明李先生尚余50课时，价值6731元。

然而此时乐宝公司已无力退款，并且李先生和其他家长还发现，乐宝公司并无开办托育业务的资质。李先生怎么都没想到，自己冲着"聪聪宝贝"这个知名早教品牌签的约，却遭遇了加盟店停业关门、退费困难的情况。

李先生遂将乐宝公司、乐宝公司的唯一股东王先生和"聪聪宝贝"公司一起告上了法院。

一审：合同解除，剩余课程费须退还

一审中，李先生提出解除与乐宝公司的教育培训合同，返还课程费6731元，乐宝公司的唯一股东王先生对债务承担连带责任，"聪聪宝贝"公司对债务承担过错赔偿责任的诉请。

一审法院查明，2016年3月，"聪聪宝贝"公司作为甲方，乐宝公司作为乙方，签订了《合作协议书》，合作期限五年，约定"甲方将甲方拥有以及合法取得授权的产品、企业标志和专有技术、经营模式、VI形象设计等，以协议的形式授予乙方使用；乙方按协议规定，从事正常经营活动，并向甲方支付相应的费用……"签约后，"聪聪宝贝"公司一次性收取了乐宝公司加盟费30.9万元，协议期内每年固定向乐宝公司收取管理费1.8万元，并不定时收取课程、教具更新等其他费用。

另查明，乐宝公司未在涉案门店标明加盟店或者特许人及被特许人的真实名称和标记，签约时亦未告知李先生其系加盟店。审理中，"聪聪宝贝"公司表示对此情况不知情，亦未进行检查、督促或管理。

一审法院认为，因乐宝公司停业，李先生要求解除合同，乐宝公司理应退还剩余课程费，乐宝公司的唯一股东王先生不能证明公司财产独立于其个人财产，应对债务承担连带清偿责任。而"聪聪宝贝"公司和乐宝公司并未向李先生就经营主体的独立性作出特别说明，"聪聪宝贝"公司也存在一定程度上的监管、督促过失；同时，"聪聪宝贝"公司确因特许经营获得了一定利益，故其应对李先生的损失承担相应的赔偿责任。

综合本案各方面情况，酌情确定"聪聪宝贝"公司对乐宝公司所负债务不能清偿的部分承担30％的补充赔偿责任。

一审判决后，"聪聪宝贝"公司不服，向上海一中院提出上诉。

上海一中院：授权"挂名"未尽监管职责，须担责

"聪聪宝贝"公司认为，其与乐宝公司之间是特许经营关系。加盟后，"聪聪宝贝"公司会对加盟店进行一定的监督，但由于客观条件限制，公司无法做到在全国各地线下巡查的程度，一般都是通过电子邮件、微信群等方式，定期发布公告信息，进行相应的监督。特许经营关系，有相应的法律、行政法

规和协议约束，不能随便要求品牌授权方承担更多责任。故请求改判"聪聪宝贝"公司无须对乐宝公司的债务承担责任。

上海一中院经审理认为，"聪聪宝贝"公司与乐宝公司之间签署的《合作协议书》是双方内部关系的约定，对双方均有约束力。乐宝公司取得相应授权后，其经营面对广大消费群体。而消费者在选择早教服务时，更多是基于对品牌的信赖而购买的服务。

本案中，乐宝公司开设早教机构，挂牌为"聪聪宝贝"，综观其整个宣传、签约及提供服务的过程，消费者无法明确知晓早教中心的实际经营主体为谁。对此，作为实际经营者，乐宝公司显然有其责任。与此同时，作为收取加盟费、管理费等费用，对门店日常签约、经营情况以及股东变动情况均有所管理和掌控的品牌授权方，"聪聪宝贝"公司显然未能充分尽到其品牌监管职责，未能引导消费者全面、理性认识品牌，从而有效识别品牌授权方、实际经营者等不同主体，进而评估消费行为所涉的内容与风险。

基于此，消费者主张"聪聪宝贝"公司对乐宝公司的债务承担相应过错的赔偿责任，有其依据，可予支持。至于具体的责任情形，一审法院酌情认定"聪聪宝贝"公司对乐宝公司所负债务不能清偿的部分承担30％的补充赔偿责任，与本案中品牌授权方的过失较为匹配，也能较好地平衡各方利益，上海一中院对此予以认同。

上海一中院遂驳回了"聪聪宝贝"公司的上诉，维持原判。

法官说法

　　此次"聪聪宝贝"公司共涉19件教育培训合同纠纷，为系列案件。近年来，品牌加盟店"跑路"现象屡见不鲜，消费者常常一头雾水，对品牌的好感度也大打折扣。

　　综观整个消费市场，不论是培训行业还是其他餐饮、服务行业等，要发展品牌、扩大影响力，更应注重其经营的规范，在树立品牌口碑、拓展市场的同时，要充分保障消费者权益、维护市场经营秩序。有加盟店的企业，更要加强自身的社会责任感，积极树立大品牌该有的形象，在经营过程中规范品牌授权和市场运营，与被授权方共同努力，有效保障消费者的各项合法权益，稳步促进企业和行业的发展。

文：王梦茜

8.新买的二手房竟有两个化粪池窨井！

案件速览

　　小区地处黄金位置，地铁、公交、小学近在咫尺，一楼附带天井，但天井里有两个化粪池窨井……这样的房子你会买吗？上海的孙阿姨就买到了这么一套房子，然而她买房前并没发现化粪池窨井，房东也未明确告知。发现这一事实的孙阿姨反悔了，不想买了，还想要回已付房款，法院会支持吗？

　　上海一中院公开开庭审理了这起房屋买卖合同纠纷案，在法院的主持和释明下，双方握手言和，一致确认解除房屋买卖合同，房东在扣减孙阿姨已付的购房款5万元后，将剩余的15万元购房款退还孙阿姨。

案情简介

付款后才发现天井里有两个化粪池窨井

孙阿姨打算在孙子的学校附近买一套二手房陪读。在中介带她看了几套房子之后，她相中了一套一楼带天井的老公房。她很中意这个天井：不仅不算产权面积，而且洗洗衣服、做做家务都很方便。

2019年8月31日，孙阿姨与房东张姐签订了房屋买卖合同，约定房屋总价为277万元，并约定在当年9月底前，孙阿姨支付张姐房款20万元，张姐则将房屋钥匙交给孙阿姨。同时约定，2020年2月底之前，双方共同向房地产交易中心申请办理产权过户手续，在办理过户手续前，孙阿姨向张姐付清剩余房款257万元。

在依约支付了20万元房款后，孙阿姨从中介处拿到了房子的钥匙。因想着尽快筹划装修，孙阿姨和老伴便一起到房子里看看。没想到，这一看竟看出了问题。当初看房时，孙阿姨看

到天井里有个窨井盖，旁边的围墙墙角上还有个洞，她当场问中介，中介说可能是猫洞狗洞，孙阿姨听后也就没太当回事。现在既然要装修了，孙阿姨和老伴就去问物业，能不能把窨井盖、洞口封起来，谁知物业告知他们，这两个是化粪池窨井，要定期抽大粪，围墙上的洞口就是用来塞管子的，封起来肯定不行……

孙阿姨和老伴无法接受这个事实，立即与中介和张姐进行交涉，并致函张姐，指出张姐出售瑕疵房屋，存在欺诈，要求解除合同，退还房款。然而多次交涉无果，孙阿姨也未再支付剩余房款。2020年2月中旬，孙阿姨一纸诉状，将张姐告上法院。

2020年3月16日，张姐向孙阿姨发出了《解除合同通知书》，称因孙阿姨拖欠支付剩余房款超过15日，已构成根本违约，现要求解除房屋买卖合同，并由孙阿姨承担违约责任。

孙阿姨于次日收到该通知书，气愤不已，隔日便复函张姐："关于房屋买卖一事，本人已将阁下列为被告，向法院提起诉讼，择日就将开庭。合同解除，你还要退还我20万元！咱们法院见！"

一审：窨井盖未影响房屋正常使用
未按约支付房款系违约

　　张姐收到起诉状副本后，提起反诉。她认为，孙阿姨在签署买卖合同之前，已经对系争房屋进行了勘察、对房屋状况有了充分了解，自己并不存在未尽告知义务的情况，窨井盖亦非房屋瑕疵。现孙阿姨违约，应承担相应违约责任。故张姐请求法院判令房屋买卖合同于2020年3月17日解除，孙阿姨向其支付逾期付款违约金、解除合同违约金共计57万余元。

　　一审期间，双方对房屋钥匙进行了交接，以实际行动表明不再继续履行合同。

　　一审现场勘查，系争房屋外南面天井中有2个窨井盖，东侧窨井盖靠近围墙处有一个长方形孔洞，该天井与隔壁东面邻居共用。

　　一审法院经审理后认为，孙阿姨并未提供充足证据证明系争房屋外天井的窨井盖确实会对系争房屋的正常使用造成重大影响以及张姐存在隐瞒欺骗的故意，而孙阿姨自认在看房时已经发现系争房屋外的天井存在窨井盖以及围墙上孔洞，故孙阿姨要求解除合同的理由并不充分。根据查明的事实，孙阿姨并未按约支付房款，已构成违约，应承担相应的违约责任。张姐的反诉请求有事实及合同依据，应予支持。

一审法院遂以实际损失为基础，兼顾合同的履行情况、当事人的过错程度等综合因素，判决孙阿姨支付逾期付款违约金、解除合同违约金共计近12万元，同时，张姐返还孙阿姨购房款20万元。

孙阿姨不服，向上海一中院提起上诉。

二审：现场勘查确有化粪池，法院主持双方达成调解

二审期间，上海一中院组织双方当事人再次到系争房屋进行现场勘查，勘查结果显示：系争房屋的南面天井中有2个窨井盖，打开两处窨井盖后，窨井内均系黑色污物，且有明显异味散发出来。紧邻东侧窨井盖的南面围墙墙根处有一个长39公分、宽33公分的长方形孔洞，该孔洞上方的铁质围栏上还开设了一个带门栓的小门。此外，上海一中院还走访了小区物业，对化粪池窨井的情况进行了深入了解。

审理中，双方唇枪舌剑，各执己见，坚持认为合同解除的原因和责任在对方。

审理后，双方都表示有调解的意愿，故请求法院主持调解。上海一中院基于本案的客观事实，厘清了双方各自存在的问题和责任，从法、理、情出发，引导双方换位思考，最终促成双方握手言和，妥善化解了本案纠纷。

法官说法

本案主审法官严佳维指出，双方当事人对解除房屋买卖合同并无争议，争议焦点在于哪一方对合同解除承担法律责任。

一方面，对于卖家而言，基于民法的诚信原则，对房屋存在的重大瑕疵或不利因素，卖家有义务明确告知买家。

本案中，首先，结合现场勘查情况以及卖家关于房屋来源、天井现状形成原因、围墙上小门和孔洞的作用、有人上门抽取污物等的陈述看，其对天井内存在化粪池窨井的情况应属明知。

其次，按常理，化粪池窨井不可避免地会产生一定异味，甚至存在管道堵塞、反水的可能，且化粪池窨井需要定期疏通、维护，而这些工作均需进入天井内实施。可见，化粪池窨井的存在对买家的生活安宁和环境质量均会产生一定影响。

最后，天井属于双方约定的"按现状交房"的"现状"的一部分，且天井的实用价值是买家购买一楼房屋重要的考量因素之一。

因此，房屋的天井内存在化粪池窨井，不仅会影响买家对购房与否的判断，也会导致房屋居住用途的实现程度、质量水准与买家的预期相悖，足以影响买家订立合同之目的的实现，故可认定属于较大的不利因素。对此不利因素，卖家理应在签订买卖合同之前或之时向买家履行明确告知义务，但本案中，卖家并未尽到此等义务，对本案纠纷的产生存在一定责任。

另一方面，对于买家而言，房屋买卖属重大交易，买家购房时也要尽到一定的谨慎注意义务。本案中，买家自认看房时曾看到了天井里的窨井盖和旁边的洞口，但其显然没有审慎对待，在未向卖家全面核实的情况下即签订了房屋买卖合同，而后在履行合同期间才发现问题，进而导致双方后续需要花费大量人力、物力、财力成本解决本案纠纷。从这个角度讲，买家对本案纠纷的产生亦存在一定责任。

综上，基于双方对各自责任的分析和利益考量，最终达成了调解协议，结果尚属合理。更重要的是，读者可以从本案中汲取一些经验教训，在房屋交易中，诚信为本，谨慎为上，避免不必要的诉讼风险。

文：李丹阳

9. 开发商说好的**人车分流**、**露天泳池**呢？

上海一中院适用《民法典》格式条款相关规定审结了五起商品房预售合同纠纷上诉案。

交房入住后，周某等业主发现小区并没有房屋宣传资料中提到的人车分流和露天泳池，故诉至法院，要求开发商天福公司赔偿房屋差价损失。

经审理，上海一中院认定，《商品房预售合同》中约定开发商保留对小区平面布局的修改权以及宣传资料所载内容不列为合同组成部分的格式条款与购房者具有重大利害关系，而天福公司对此未尽提示或说明义务，故该条款不应成为合同内容，维持了一审法院关于天福公司赔偿周某等业主相关损失的判决。

案情简介

说好的人车分流和游泳池，购房合同说改就改

业主
"购房的时候，你们销售说得清清楚楚，人车分流和露天游泳池都有，宣传册、广告片和沙盘都能证明。"

"《商品房预售合同》明确约定了售楼广告、样板房等宣传资料仅为宣传目的而设立或提供，不列为本合同的附件或组成部分。"
天福公司

周某等人向开发商天福公司购买涉案小区商品房，楼盘售卖时的房屋宣传资料显示，小区规划的是人车分流，并设有室外泳池。

但后来业主们得知：在天福公司向有关部门备案的建设规划中，该小区并非人车分流，天福公司是在通过竣工验收后，以草皮覆盖地面车位的方式营造了人车分流的假象，而有关部门在发现这一情况后，立刻责令天福公司进行整改、恢复地面车位；至于"室外泳池"，则系违法建筑，不能使用。

当业主们找天福公司交涉时，却被天福公司告知，《商品房预售合同》中约定了其保留对小区平面布局的修改权以及宣传资料所载内容不列为合同的组成部分。

周某等人认为自己受到了欺诈，故向法院起诉，要求开发

商天福公司赔偿损失，按照每平方米3000元计算（其中，周某的房屋面积92.43平方米，故主张损失27万余元）。

一审法院认为，《商品房预售合同》中的上述条款系格式条款，天福公司未采取合理方式提请购房者注意，故上述条款应属无效，不予适用；宣传资料中关于人车分流与室外泳池的内容明确具体，且会对购房者的购房决策产生直接影响，应视为要约，天福公司未能履约应，承担违约责任，酌定支持周某等人要求赔偿的部分金额（其中，周某的获赔金额为1.2万元）。

一审判决后，双方均不服，均上诉至上海一中院。

法院审理

适用《民法典》第496条：
未尽提示或说明义务的格式条款不成为合同内容

天福公司："《商品房预售合同》是双方真实意思表示，具有约束力，天福公司有权对小区配套建筑、附属设施进行变更。目前的小区现状未对业主造成任何损失，也未对小区品质造成任何影响。"

业主："开发商的违约行为给自己造成了重大损失，一审法院认定的违约金仅相当于总房价的0.4%，明显过低。"

经审理，上海一中院认为：

《商品房预售合同》中约定开发商保留对小区平面布局的修改权以及宣传资料所载内容不列为合同组成部分等格式条款限制了购房者的权利，且与购房者明显具有重大利害关系，而天福公司未就上述条款向周某等履行提示或说明义务。

鉴于周某等人不认可上述条款具有拘束力，故依据《民法典》第496条等的规定，认定该格式条款不成为《商品房预售合同》的内容；一审结合在案证据，认定涉案宣传资料内容明确，且对公众的购房决策确会产生实质影响，构成要约，并判令天福公司承担相应的赔偿责任并无不当。

关于周某等业主在本案中提出的赔偿数额，现有证据并不能证明系争房屋预售时因"人车分流"和"室外泳池"的因素而产生了价格虚高之情形，一审委托的专业机构亦认为上述因素对房地产价格的影响无法考评，故周某等人主张的差价损失，依据显非充分。一审基于本案实际情况，经综合考量酌情确定的赔偿数额并无不妥，且在现有证据条件下具有相对合理性。

综上，上海一中院遂驳回上诉，维持原判。

本案主审法官刘佳表示，《民法典》实施后，其第496条规定了格式条款不订入合同的情形，即提供格式条款的一方未履行提示或者说明义务，致使对方没有注意或者理解与其有重大利害关系的条款的，对方可以主张该条款不成为合同的内容。因此，开发商作为格式条款的提供者不仅必须公平地设置双方的权利和义务，还必须对相对方尽到提示或说明义务，否则不能视为双方对该条款的内容达成合意，该条款的内容亦不得订入合同、进入效力评价的范畴。

文：王长鹏

10. 出租**经适房**，结果……

经济适用住房（以下简称经适房）是指政府提供政策优惠，限定套型面积和销售价格，按照合理标准建设，面向城市低收入住房困难家庭供应，具有保障性质的政策性住房。购房人初始取得的是有限产权，如果违背承诺擅自出租房屋，利用公共资源获取个人利益，则损害了社会公共利益、违背公序良俗，租赁合同应属无效。

上海一中院依法审结了一起房屋租赁合同纠纷案，原本被认定为无效的经适房租赁合同，却在二审被改判为部分有效、部分无效，这究竟是为什么呢？

 案情简介

租客：合同无效，租金应全部返还

2014年1月，俞亮经申请购买了一套经适房并取得产权证，附记载明：经济适用房（有限产权），不得设定除经济适用住房购房贷款担保以外的抵押权，5年内不得转让或者出租。

2018年3月，俞亮将房屋出租给沈成，两人签署了租赁合同，租期自2018年5月至2023年5月。

2021年9月18日，俞亮取得房屋的完全产权，产权证前述附记内容被删除。沈成持续向俞亮支付租金至2022年10月31日。

2022年11月，沈成以俞亮故意隐瞒涉案房屋的产权性质，擅自将经适房转租为由，向法院起诉要求判令租赁合同无效，并要求俞亮返还其支付的租赁保证金及全部租金等。

一审法院认为，经适房是有保障性质的政策性住房，个人购买的经适房在取得完全产

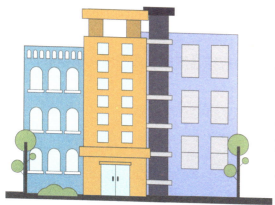

权以前不得用于出租经营。

本案中，俞亮于2021年9月18日获得涉案房屋的完全产权，但于2018年就签订了租赁合同将涉案房屋出租给沈成使用。双方的租赁行为违反了经适房管理规定，利用公共资源谋取个人利益，损害了社会公共利益，租赁合同应属无效合同。

虽涉案租赁合同被认定无效，但沈成自2018年5月1日起实际使用涉案房屋，其亦未能举证证明其于2022年10月31日前搬离并向俞亮返还涉案房屋，沈成作为涉案房屋的实际使用人应承担占有使用费。据此，一审法院判决双方签订的租赁合同无效，俞亮于判决生效之日起十日内返还沈成租赁保证金2000元。

沈成不服，上诉至上海一中院，请求返还租赁保证金及全部租金。

法院审理

二审：租赁合同效力应结合房屋性质的变化予以区分

二审期间，为更好地了解经适房的租赁使用相关政策及涉案房屋出租情况，合议庭成员前往经适房所在地的区住房保障中心走访了解。

区住房保障中心负责人表示，经适房在购买方式上不同于普通商品房，产权登记簿上也注明为"有限产权"。购买人在取得完全产权之前，不得将经适房用于出租经营。购买人擅自出租经营经适房，属于利用公共资源谋取个人利益，违反了经适房相关管理规定。

结合走访了解的情况，上海一中院经审理认为：

首先，民事法律行为部分无效，不影响其他部分效力的，其他部分仍然有效。俞亮于2021年9月18日取得涉案房屋完全产权，在此之前，其对涉案房屋享有有限产权，不得出租涉案房屋，租赁合同涉及2018年5月1日至2021年9月17日的部分因违背公序良俗而无效。俞亮于2021年9月18日取得涉案房屋完全产权，租赁合同涉及2021年9月18日至2023年5月1日的部分合法有效，对俞亮与沈成具有约束力。

俞亮明知房屋不得出租而出租，沈成作为承租人对房屋未尽到审查义务，两人在主观上均存在过错。对于房屋租赁合同部分无效的法律后果处理，应综合考虑两人主观过错程度。关于沈成已支付的2018年5月1日至2021年9月17日的房屋使用费，由于其在上述期间实际占有使用涉案房屋，获得占有使用利益无法律依据，构成不当得利，其无权要求俞亮返还房屋使用费。

其次，俞亮的出租行为是利用公共资源谋取个人利益，损害了公共利益，其所取得的2018年5月1日至2021年9月17日的房屋使用费由相关行政机关依法处理。对于沈成已支付的2021年9月18日至2022年10月31日的费用，是房屋租赁合同有效情形下沈成应付的租金，且其在本案中未能提供充分的证据证明其于2022年10月31日前搬离并向俞亮返还涉案房屋，故沈成无权要求俞亮返还上述期间的租金。

综上，沈成的上诉请求不能成立，一审法院对涉案房屋租赁合同的效力认定未结合房屋性质的变化予以区分，存在错误，应当予以更正，二审基于此作出改判。

二审判决后，上海一中院法官再次前往区住房保障中心，将本案生效判决交给区住房保障中心，相关负责人表示，接下来会严格按照经适房的管理规定对本案中所涉情况予以调查处理。

法官说法

本案主审法官潘俊秀表示，个人在取得经适房完全产权前将购买的经适房出租经营以获取租金收益，是利用公共资源谋取个人利益，一般认为应当根据《民法典》第153条第2款的规定认定该行为违背公序良俗，房屋租赁合同无效。关于租赁合同无效之后的法律后果处理，承租人实际占有使用经适房，其获得占有使用利益无法律依据，构成不当得利，故其无权要求违法出租人返还房屋使用费。对于违法出租人出租经适房牟利的行为应予制裁，其无权获得房屋使用费。

由于《民法典》没有赋予法院收缴违法所得的权力，对于出租经适房的违法所得应由相应的行政机关依法依规处理。个人在成为经适房完全产权人后可以将房屋出租，房屋租赁合同合法有效。同时，在经适房由有限产权变更为完全产权的过程中，住房管理部门会调查经适房是否存在违法出租的情形，如经查实发现个人存在违规违约使用经适房的情况，行政机关将依法处理。

文：王长鹏

11. 未告知限购政策，中介被起诉！

 案件速览

签订了购房协议，支付了购房款，却因未符合购房资格而没法顺利交房。协议突然中止，买家支付了违约金后能向中介要回吗？上海一中院就审理了这样一起案件，最终该院判决中介未尽到告知义务，退还服务费，并承担买家支付的违约金的60%。

刚付了购房款，却获知并没有购房资格

2021年4月，李女士与丈夫协议离婚，约定婚内一套房屋归女儿所有。离婚后，李女士与友邻中介公司签订协议，出卖了该套房屋，并应中介公司要求，提供了离婚证和离婚协议等材料。

同年6月，李女士又在该公司的介绍下与顾先生夫妇签订了《房地产买卖中介协议》，约定李女士购买顾先生夫妇的一套价值268万元的房产，并约定双方按照总房价款的1%支付中介公司中介报酬，以及如果一方违约，违约方需要按总房价款的20%向守约方支付违约金等。

此后，李女士向顾先生夫妇支付了前期购房款265万元，向友邻公司支付了中介费。然而在办理相关手续时李女士才获知，按照政策，离异不满3年的她并不符合再次购房的要求，这导致她和顾先生夫妇之间的房产买卖协议无法正常履行。

无奈之下李女士诉至法院，要求解除房产买卖协议。法院判决双方合同解除，顾先生夫妇返还李女士已付购房款，但李女士作为违约方，顾先生夫妇可请求其按约定支付违约金，并酌定李女士承担违约金26.8万元。

中介未告知委托人不具备购房资格，是否需担责?

没能买上房，却还支付了一大笔违约金，李女士气愤不已。她认为中介公司作为专业的服务机构，应该对相关政策非常了解，并且她卖出的房屋也是通过该中介介绍售出，该中介对她离异的情况已经知晓。在这样的情况下，中介却未告知她并不符合购房资格，还促成她再次购房，给她造成了损失。中介公司应该返还中介费，并承担她向卖家支付的违约金。

中介公司则认为，其不存在隐瞒或者故意损害李女士利益的行为，而是按照协议履行了相关义务，尽到了中介的职责。李女士应该支付必要的中介服务活动费，并且对于房屋买卖这种重大的民事行为，李女士有确认自己购房资格的义务，须主动查询相关房产政策。现因李女士不去了解而造成了损失，应当由李女士自己承担相关责任。

双方协商不成，李女士将中介公司告上了法院，请求解除双方签订的中介协议，中介公司返还中介费以及赔偿李女士损失26.8万元。

法院审理

法院：委托人和中介公司均须担责

一审法院认为，本案中，李女士因中介公司未告知限购政策导致房产买卖协议无法继续履行，并支付了相应的违约金。该案的审理事关政策波动背景下的房地产交易市场，对房地产买卖过程中双方权利义务的认定具有典型意义，能够对房屋中介服务市场产生规范化指导作用，具有普遍法律适用指导意义，故申请该案提级由上海一中院审理。上海一中院遂根据相关法律规定作出由该院审理的裁定。

上海一中院经审理后认为，本案的争议焦点在于：一、李女士和中介公司之间的《房地产买卖中介协议》是否应当解除；二、李女士所遭受损失的过错责任应如何认定。

第一，该协议是双方的真实意思表示，内容不违反法律规定，应为合法有效。现因上海购房政策，李女士不具备购房资格，致使双方签订协议的目的不能实现，根据相关法律规定，委托人或受委托人可以随时解除中介合同，故对于李女士要求解除协议的诉请，该院予以支持，其已支付的中介服务费应由中介公司予以退还。

需要指出的是，从内容看，《房地产买卖中介协议》区别于一般意义的中介协议，其内容包含多种法律关系，除通常意义上的由中介公司向李女士报告订立合同的机会或提供订立合同的媒介服务外，中介公司还需履行协助李女士接收房屋、办理过户手续等义务，故中介公司主张已履行完中介义务而不同意解除协议的理由不成立。

第二，对于损失赔偿，应在确定损失范围的基础上根据各自过错大小予以认定。本案中，李女士因无法履行协议，导致其在与案外人之间的房屋买卖纠纷中被判定违约并承担了26.8万元的违约金，对该部分损失的承担应综合考虑双方各自的职责、义务及履约情况等予以判定。

首先，就李女士而言，其作为具有完全民事行为能力的成年人，在进行购买房地产这类重大民事法律行为时，理应尽到应有的审慎义务，对于政府部门公布的相关购房政策，有义务学习和了解，并在购房前对自己的购房资质作出相应判断。但李女士疏于了解亦未向中介公司主动询问相关事宜，自身存在一定过错。

其次，就中介公司而言，作为具有专业知识的房地产中介机构，其收取中介服务费即应提供相应的专业指导及服务，这也是社会分工下的行业要求。本案中，中介公司协助李女士出售自己的房屋在先，已经知晓其离婚的基本事实，在政府部门已经出台与离婚相关的限购政策背景下，理应对李女士的购房资格加以关注并及时提供政策指导和专业帮助，但中介公司在这方面的工作明显存在缺失，在案证据显示，中介公司并未向李女士提示过资质问题或主动询问她的购房资质情况，难言其尽到了中介机构应尽的基本义务，故中介公司对李女士因限购政策致购房失败而遭受的损失存在过错。

综合双方应负的民事义务、民事责任及在本案中的过错大小，上海一中院认定系争损失由李女士、中介公司按4∶6的比例分担为宜，中介公司应赔偿李女士损失16.08万元。上海一中院遂作出上述一审判决，判决后双方均未上诉。

本案主审法官周峰表示，消费者在购买房产时，一定要对当下房地产交易的相关法规、政策有相应的了解，做到心中有数，从而避免因政策了解不清而产生的交易风险。中介机构也有义务对委托人进行专业的指导，帮助委托人顺利进行房产交易，否则也将视情承担相应的责任。

文：王梦茜

12.租房平台人员**擅自入室**，
女租客**解约**，法院**判了**……

 **案件速览**

　　由于城市租房需求的增加，房屋租赁平台迅速崛起。这些平台主打省心、方便的租房服务，备受年轻人青睐。

　　陈女士2022年夏天通过一个租房平台找到了理想的住所。然而，夜半潜入合租房的"不速之客"让陈女士产生了阴影，最终双方对簿公堂。

　　上海一中院审结了这起房屋租赁合同纠纷案，认为陈女士有权解除该租赁合同，维持一审判决，租房平台所属公司应向陈女士返还6042.6元，并支付违约金3730元。

维修工深夜擅入出租屋，吓坏独居租客

陈女士在某知名房屋租赁平台（以下简称平台）选择了一套三室一厅的合租房，并于2022年6月12日与平台签署了《房屋租赁合同》，合同约定平台向陈女士提供该房屋中的02卧室用以居住，租赁期限3年，租金3730元／月，服务费373元／月。

6月17日，平台交付了房屋，陈女士搬进了02卧室。后其他两室租客先后搬走，只剩陈女士一人居住在这套房子中。

日子安然度过，直到一天深夜突发状况，让陈女士心有余悸。

7月6日晚上11时许，陈女士在房间依稀听见隔壁03卧室有响动，怀疑有人进来，便一边与同事保持视频连线，一边壮着胆子大声讲话进入公共区域检查："有没有人？"但可疑人员并未作出任何回应和澄清。

房子内突然的寂静让陈女士很害怕，她连忙在平台管家群里询问是什么情况，结果无人理会。陈女士只好前往小区物业求助，并在物业办公室坐至天明。

直至第二日，平台的员工查证后才告知陈女士，昨晚入室人员是维修空调的师傅。

陈女士认为，平台聘请的维修人员在未经任何通知及允许的情况下打开合租房房门的密码锁入室，足以证明平台对门锁密码及人员管理混乱、随意，不仅侵犯了自己的隐私权，也严重违反了合同约定，遂报警。

同时，陈女士希望相关负责人尽快出面处理此事，而平台始终是消极应付的态度。7月10日，陈女士通过微信向平台工作人员提出要单方面解除租房合同，并将一周内搬走，但平台迟迟未对陈女士解约一事作出答复。

7月20日，陈女士提前解除了《房屋租赁合同》并返还该房屋。随后，平台向陈女士返还5269.55元。

法院审理

租客是否享有单方解约权？

陈女士对退费不满，却与平台协商未果，便将平台所属公司告上法庭，要求其退还押金、剩余租金及服务费，共计6122.33余元，并支付违约金3730元、赔偿中介费损失2100元。

一审中，平台对此次事件作出了回应和辩解。

首先，平台认为，其安排维修人员上门维修空调的行为不构成违约。2022年7月5日，因涉案房屋03卧室租客退租，平台需对03卧室进行退租配置，包括保洁、消杀和维修等。其次，工作人员在晚间维修是因为其需在当日完成维修任务又需避开小区封闭管理的时间段，不得不在当日较晚的时间段进行维修。最后，平台认为双方已结清合同解约款项，平台无须再支付其他费用。

一审法院经审理后认为，本案中，空调维修人员在晚上11时许进入涉案房屋，已然超出正常合理的上门维修时间，且平台未将该时间点合理通知陈女士。同时，也未能举证证明当时存在紧急情况。一审法院认定，陈女士有权解除合同，经核算确认，判决平台所属公司在已返还5269.55元的基础上，还需向陈女士返还各项费用6042.6元，并支付违约金3730元，关于中介费损失2100元的主张，没有合同依据，不予支持。

平台不服，上诉至上海一中院。

出租房公共区域是否属于租户的私密空间？

平台称，陈女士的承租范围仅限于02卧室，虽然陈女士可以使用公共区域，但公共区域的使用权并未移交给陈女士，且工作人员上门维修的03卧室不属于陈女士的承租范围，因此未对其居住安全构成影响。

上海一中院经审理后认为，基于合租房的特性，涉案房屋02卧室的使用权应由陈女士专属使用，公共区域部分的使用权由合租人共同使用。陈女士承租涉案房屋后，其居住的02卧室属于私密空间，房屋公共区域部分则属于相对私密空间，承租人享有生活安宁、个人隐私等不被侵扰的权利。鉴于此，平台将涉案房屋02卧室及公共区域使用权一并转移给了陈女士，故平台不再享有随意进入涉案房屋的权利。

平台安排的工作人员在涉案房屋仅有陈女士一人租住，且不存在紧急情况的情形下，于不恰当的时间点未经陈女士允许擅自进入涉案房屋，对陈女士的居住安全构成了实质威胁。此外，平台在陈女士寻求帮助时未及时予以回应，事后也未能给出实质性的整改方案，导致陈女士的信任基础丧失。陈女士以房屋租赁合同中约定的"甲方原因影响乙方居住安全"主张其享有单方解除合同的权利，于法有据。因此陈女士要求违约方即平台承担违约金符合合同规定。

一审法院根据陈女士实际居住使用房屋应承担部分费用以及平台已返还部分费用的情形，认定平台尚需向陈女士返还押金、部分租金、服务费等费用金额，亦无不当。

综上所述，上海一中院驳回上诉，维持原判。

法官说法

案件审理结束后，该案合议庭向平台发出了司法建议书，希望其能从保护租客合法权益角度出发，完善管理机制，规范公司人员培训，加强内部人员管理并落实好相应的配套措施。进行房屋检修等工作前，应履行事前告知义务，避免引起误会、恐慌。平台还应当构建有效沟通机制，及时应对突发事件，打通各环节的工作流程，避免产生不必要的矛盾与纠纷。

本案同时也反映了一些房屋租赁平台易引发纠纷的问题，即合租公寓等的公共区域界定、权利问题。

本案审判长毛焱法官表示，对于合租性质的房屋，合租人对房屋内公共区域的使用具有容忍义务，但限于合租人与合租人之间，平台将公共区域使用权转移给租户，就不再享有随意进出的权利。平台要明确合租人专属部位以及公共区域的相应管理规定，细化租客入住后公司因管理需要进出租赁房屋的特别约定。另外，要明确区分紧急情况及一般情况下公司管理人员对于租赁房屋的入户管理规则，以保护租客对房屋的正常租赁使用。

文：张瑞雪

13. 离异母亲中断两个儿子学业，法院除了判决，还……

案件速览

　　2022年3月1日，上海一中院向一起变更抚养关系纠纷案的双方当事人发出了《家庭教育指导令》，这也是在新修订的《上海市未成年人保护条例》正式实施之际，上海一中院发出的首份家庭教育指导令。

　　该指导令是上海一中院贯彻落实《未成年人保护法》《家庭教育促进法》以及《上海市未成年人保护条例》等的有力举措，也是从司法保护、家庭保护层面维护未成年人合法权益的一次积极实践。

案情简介

"爱"子心切，离异母亲中断两个儿子学业

许先生和张女士结婚后，分别于2011年8月和2013年7月生下了大龙和小龙两个男孩。2013年11月，双方协议离婚，约定两个孩子均由母亲张女士抚养，许先生承担两个孩子的抚养费。

2017年9月，大龙进入小学读书，但却经常迟到。班主任多次打电话给张女士，很多时候电话无人接听。同年11月，张女士向班主任和体育老师提出大龙不参加体育锻炼，之后又要求提前接走大龙，并提出请假。2017年12月中旬至今，大龙未再到校学习。

无独有偶，弟弟小龙上了两个月小学之后也被张女士接回家中。2020年，学生需要在家上网课并通过手机APP与老师互动，小龙都未参加，张女士对此的解释是在家自学。此后，小龙断断续续到校学习，但从2021年4月下旬至今，小龙未再返校。

张女士认为，两个孩子在家由她亲自教育，比去学校更好。许先生觉得前妻不让孩子上学的做法不妥，经与张女士沟通无果，向法院提起诉讼，要求变更孩子们的抚养关系，由他来抚养两个孩子，让他们继续完成学业。

法院审理

孩子应接受义务教育，法院判决变更抚养关系

一审中，对于为何不让孩子在学校接受义务教育而要回家自己辅导，张女士有自己的解释。

在她看来，两兄弟无法参加义务教育的原因在学校方。大龙、小龙两兄弟均曾因无法完成作业而被老师惩罚，这使得他们产生了厌学情绪。张女士认为，把孩子带回家自己教育是在保护他们。

一审法院经审理认为，从大龙、小龙今后的学习权利、健康成长的角度出发，结合许先生、张女士各自的生活经济条件及两个孩子的个人意愿，判决支持许先生变更抚养关系的诉请，孩子们跟随父亲共同生活，张女士可于每周周末探望两个孩子。

张女士不服，上诉至上海一中院。

上海一中院认为，夫妻双方平等享有对未成年子女抚养的权利、共同承担对子女抚养的义务。是否变更未成年子女的直接抚养关系，应以是否最有利于未成年子女为基本判断标准。

让适龄儿童接受义务教育是家长的义务，作为与未成年子女共同生活的法定监护人，必须使适龄未成年人依法入学接受并完成义务教育，不得使接受义务教育的未成年人辍学。

最终，上海一中院驳回上诉，维持原判。

上海一中院：判决之外，发出首份家庭教育指导令

在作出判决的同时，为保障未成年人的合法权益、保护未成年人的身心健康、引导父母积极正确履行监护职责、强化监护意识、做好家庭教育，上海一中院还对该案双方当事人发出了首份《家庭教育指导令》，主要内容包括：

第一，许先生应及时办理好大龙、小龙的入学手续，多与老师联系沟通，确保其在稳定的学习环境中完成学业；履行对张女士探望孩子的协助义务；多陪伴、关爱孩子，同张女士一起履行家庭教育责任，共同保障孩子在稳定的生活环境中健康成长。

第二，张女士应协助许先生完成大龙、小龙入学手续的办理，确保两人在稳定的学习环境中完成学业；按照法院判决确定的时间和方式，积极行使对两个孩子的探望权，关心孩子们的综合发展，与许先生相互配合，承担家庭教育的主体责任。

《家庭教育指导令》还指出，上海一中院将定期对当事人履行本令的情况进行回访调查，如发现违反法定义务继续怠于履行或者不当履行监护职责，上海一中院将依照《未成年人保护法》第118条及《家庭教育促进法》第49条、第54条之规定予以处理。

这份《家庭教育指导令》晓之以理、动之以情，其中特别指出，张女士对于孩子辍学在家虽有自己的解释，也为两个孩子的学习生活付出了母爱和关心，但让适龄儿童入学接受并完

成义务教育并非个人的喜好选择，而是父母的责任与义务。孩子的成长不仅需要有父母的爱，还需要正常的学校教育、社会交往，需要在父母的适当"放手"中去经历顺境和逆境、去体验开心和无奈。

法官说法

本案审判长潘静波法官指出，我国实行九年义务教育制度，父母作为子女的法定代理人和监护人，不仅应在思想、品行上教育未成年子女，还应提供条件使未成年子女接受正规的学校教育，完成九年义务教育。即使未成年人的父母分居或者离异，也应当相互配合，履行家庭教育义务，任何一方均不得拒绝或者怠于履行此项义务。

针对上海一中院的首份《家庭教育指导令》，少年家事庭郭海云庭长认为，指导令是判决的有益补充，能更有针对性地敦促父母履行家庭教育的职责，让父母树立家庭是第一个课堂、家长是第一任老师的责任意识，有效保障未成年人的权益。今后，法院也会对当事人进行定期回访，以便促进指导令相关内容的落实。这就意味着，当事人不仅是接受一个判决，还要进一步学习，更好地承担为人父母的责任、履行对子女的义务。

文：王梦茜 王徐池然（实习）

14. 婚姻不幸，法律为她们撑起"保护伞"

案件速览

　　遭遇家暴，女性如何保护自己？男方出轨，女方只能人财两空？为照顾家庭长期脱离工作的女性，离婚时如何维护自己的合法权益？这些都是女性同胞非常关心的问题。

　　2021年1月1日正式施行的《民法典》，作为"社会生活的百科全书"，其立法精神及相关条款也充分体现了对女性的保护和关爱。

　　上海一中院梳理了近年来关于妇女权益保护的几个典型案例，以及该院少年家事庭在妇女权益保护方面的工作机制和特色，希望每一个关注自身权益的女性同胞更加知法、懂法、用法，希望撑起了半边天的"女性同胞"，每天爱自己多一点。

女方婚后照顾小孩未工作，离婚时获男方补偿款

小芳和小刚是从小认识的同学，两人恋爱结婚后生了一个可爱的女儿。但女儿出生后不久，二人因生活琐事产生矛盾，导致夫妻感情不睦，于2021年10月起分居。女儿出生之后一直都是小芳在照顾，而且婚后她一直在家照顾孩子没有工作。

2022年4月，小刚起诉离婚，要求女儿由他抚养，小芳每月支付抚养费等。小芳同意离婚，请求女儿由其抚养，小刚支付抚养费等，并且小芳称，女儿不满2周岁，需要母亲一直陪伴，其无法外出工作，负担较多义务，要求小刚补偿其劳务费5万元。

一审法院认为，根据法律规定，离婚后，不满2周岁的子女，以由母亲直接抚养为原则，本案中的孩子尚不足2周岁，且平时主要由母亲小芳照料，故孩子随小芳生活更为适宜，并根据实际情况酌定小刚支付抚养费每月2000元。

关于补偿款，一审法院认为，小芳婚后在家照料女儿，确在抚育子女、承担家务方面付出了较多时间和精力，其劳动价值应值得肯定。结合双方结婚时间、小芳在家照顾女儿的持续时间以及小刚收入情况等因素，酌定小刚给付小芳补偿款5000元。

小芳不服一审判决，上诉至上海一中院，要求小刚支付其补偿款 5 万元。上海一中院经审理认为，一审法院是在依法分割夫妻共同财产时充分考虑照顾女方因素的前提下，再依据小芳家庭的实际情况以及小刚的收入等因素酌情确定的补偿款金额。小芳要求调高，缺乏事实依据，故对其上诉理由未予支持。

本案主审法官黄蓓指出，《民法典》规定，夫妻一方因抚育子女、照料老年人、协助另一方工作等负担较多义务的，离婚时有权向另一方请求补偿，另一方应当给予补偿。该规定打破了《婚姻法》（已失效）有关适用家务劳动补偿制度需满足夫妻分别财产制的前提条件，明确肯定了家务劳动的经济价值和社会价值，为照顾家庭付出较多家务劳动的一方在离婚时请求家务补偿明确了法律依据，对保护家庭妇女合法权益、促进社会和谐稳定具有积极意义。

男方出轨致离婚，依法支付女方精神损害赔偿金

小岚和小枫经自由恋爱结婚，婚后不久二人生育一女。可好景不长，2016 年年底，女儿出生半年多，小枫就去了外地工作，与小岚分居。自此，二人一直处于分居状态。

2019 年年初，小岚发现小枫日记中详细记录了其与其他女子交往、约会的经过，气愤不已的小岚向小枫提出离婚，并诉至法院，要求女儿由其抚养、小枫支付抚养费等。

小岚还提出，小枫出轨的行为给她带来了巨大的精神伤害，要求小枫支付其精神损害赔偿金 20 万元。小枫同意离婚，

但称与案外女子只是互有好感的朋友，并不是同居关系，不同意支付精神损害赔偿金。

一审法院认为，双方虽然系自主婚姻，但婚后未及建立真正的夫妻感情即因工作原因长期分居，以致夫妻感情疏离。其间，小枫又主动与案外女子发生婚外感情。现小岚主张离婚，小枫同意，故判决二人离婚，女儿由小岚抚养，小枫支付抚养费每月3000元。但一审法院未支持小岚提出的精神损害赔偿请求。

小岚不服一审判决，上诉至上海一中院，要求小枫支付其精神损害赔偿金。上海一中院经审理认为，虽然本案中小枫矢口否认有出轨行为，但根据已经在案的保证书、日记等材料，足以认定小枫在一定时间段内与案外女子存在婚外情，并据此导致双方走向离婚。小岚提出相应损害赔偿，存在法律和事实依据，理应予以支持。根据小枫婚外情的具体情况、过错程度、造成的后果，并结合该案一审中财产分割已酌情照顾女方等因素，遂酌定小枫支付小岚精神损害赔偿金1万元。

本案主审法官潘静波指出，《民法典》第1091条规定了无过错方可请求离婚损害赔偿的情形，相较于《婚姻法》（已失效）第46条，增加了"有其他重大过错"之兜底条款，以更好地保障无过错方的合法权益。基于此，法院应当根据案件具体情况，结合过错情节、损害后果等因素对过错方是否存在重大过错进行认定。本案中，根据已经在案之材料，二审法院认定小枫之情形已构成重大过错，故支持了小岚关于精神损害赔偿金之部分诉请。

女方遭遇家暴，法院出具人身保护令

阿梅和阿勇在工作中相识后相恋，于2013年11月结婚并生育一子。结婚初期，夫妻感情尚可，但后来阿勇经常外出娱乐，又没有正当工作，导致双方矛盾增大。

2021年3月，阿梅因遭阿勇家暴而报警，同年6月，阿梅再次遭遇家暴报警，阿勇当日出具保证书，承诺不再与阿梅吵架，以后不使用暴力。可是同年8月，双方多次在电话中争吵，阿勇还用言语威胁阿梅，阿梅以反家暴为由在本市某区救助管理站获得救助。

2021年9月，阿梅向一审法院起诉离婚，阿勇不同意，其间阿梅又多次遭到阿勇的威胁和骚扰。同年12月，阿梅向法院申请人身保护令，法院作出民事裁定：一、禁止阿勇对阿梅实施殴打、辱骂、威胁等行为。二、禁止阿勇骚扰、跟踪、接触阿梅及其亲属。三、禁止阿勇在距离下列场所200米内活动：阿梅的住处、工作单位，孩子学校、孩子培训学校。

2022年1月，阿梅再次报警，称阿勇酒后欲前往其住处闹事，此后阿勇在与阿梅的微信沟通中还用言语侮辱阿梅。

一审法院认为，双方虽经自由恋爱结婚，但在近年来的共同生活中争执不断，阿勇未能控制情绪，使用暴力手段侵害阿梅的身体和精神，在法院出具人身保护令后仍有言语侮辱行为，可确认双方感情已破裂，故对阿梅要求离婚的请求予以支持。此外，由于阿勇对阿梅实施家暴的行为，对夫妻感情破裂负有过错责任，阿梅有权要求损害赔偿，根据该院审核，酌定阿勇给付阿梅精神损害赔偿金8000元。

阿勇不服，提出上诉。上海一中院经审理认为，阿勇对阿梅实施家暴证据确凿，现阿梅要求离婚，法院理应予以支持。阿勇上诉称双方感情未破裂，并称阿梅有重大过错，与事实完全不符，故对阿勇以此为由请求判令不予离婚不予支持，遂驳回上诉，维持原判。

本案主审法官黄蓓指出，当事人遭受家庭暴力或者面临家庭暴力的现实危险，可以向人民法院申请人身安全保护令。人民法院在审理离婚案件并判断感情是否确已破裂时，实施家庭暴力是判决离婚的法定事由之一。在判定存在家暴情节的离婚案件中，离婚财产分割以照顾无过错方为原则，可对施暴方少分财产，对受害方精神损害赔偿的请求应当予以支持，具体数额根据当地的经济发展水平、过错方的侵害程度等因素进行综合判定。

法官说法

妇女权益保障工作机制的实践与指导

"如何通过审判有效保障妇女权益，是我们在家事审判中一直十分关注的内容"，不仅要在裁判中体现对妇女权益的保护，肯定女性家务劳动价值、惩戒家庭暴力行为，依法对妇女实施特殊保护，还要不断探索建立案后回访、心理干预、家庭教育指导等工作机制，持续关注判后妇女婚姻家庭状况。

日常审判工作之余，上海一中院还延伸司法链条，走进社区开展法律咨询，深入街道学校，宣传典型案例，营造保护妇女权益的良好社会氛围。

妇女权益保护是一项长期工作，在今后的工作中，上海一中院少年家事庭将进一步发挥司法审判职能，创新审判延伸工作，为有效维护妇女权益提供司法保障。

文：王梦茜

15. 公婆的**房产**给了**儿媳**，

原来……

案件速览

公婆年迈，与儿媳签订了遗赠扶养协议，这份遗赠扶养协议有效吗？儿媳能继承老人的遗产吗？上海一中院就审结了这样一起案件，最终法院判决儿媳已尽遗赠约定义务，遗赠扶养协议有效。

案情简介

李老和张老夫妇养育了三个孩子，分别是老大李贞（李老与前妻所生），老二李念和老三张进。

2013年5月，李老夫妇分别立下公证遗嘱，表示其名下享有的房产份额由老二李念继承。几年后，夫妻俩被李念送去了养老院。2017年5月，李老和张老二人在养老院与老大李贞的妻子顾平签订了一份遗赠扶养协议，主要内容是二老与顾平建立遗赠扶养关系，顾平负责对二老的生活进行照料及负责二老身后事的处理，二老将名下享有的房产份额赠与顾平。

二老去世后，顾平拿出遗赠扶养协议要求继承相关房产份额。老二李念认为，大嫂顾平本就有照顾公婆的义务，不认可遗赠扶养协议。双方争执不下，李念便起诉至法院，请求二老名下的房产份额应按照之前的公证遗嘱继承。

法院审理

李念认为，父母立有公证遗嘱在先，大嫂顾平属于近亲属姻亲，没有与二老签订遗赠扶养协议的主体资格，该份协议应当无效。并且该协议不是父母的真实意思表示，父亲的签名是受大嫂欺骗才签下的，母亲没有在协议上签名，只按了手印，手印也不真实。

顾平辩称，公婆立了公证遗嘱后，李念就把他们的钱转到了其账户，并且对他们照顾不佳，后来又把他们送去了养老院。由于李念不尽心照顾二老，他们就选择顾平作为扶养义务人，遗赠扶养协议是二老亲手拟定的，当时还有两名证人在场，遗赠扶养协议真实有效。

经司法鉴定，遗赠扶养协议上的签名系李老本人所签。另外两名到场证人也表示，两位老人让其见证遗赠扶养协议，张老陈述协议内容，随后李老在协议上签字，张老表示其手抖，故未签字，就按了手印。遗赠扶养协议上李老的签名为其本人所签，证人亦到庭陈述当天签署遗赠扶养协议的具体过程，故该协议有效。结合顾平按协议约定定期向李老转账，以及操办丧事并支出丧事费用等，确认顾平已履行了遗赠扶养协议中的义务。公证遗嘱中所涉遗产的处理，若与遗赠扶养协议相抵触，则按遗赠扶养协议处理。故一审法院判决顾平按遗赠扶养协议继承二老名下房产份额。

李念不服一审判决，上诉至上海一中院。

本案的争议焦点：一是顾平作为儿媳与二老签订遗赠扶养协议，其主体是否适格；二是该协议是否为二老的真实意思表示。

首先，李念认为顾平作为儿媳本就对二老有扶养义务，其没有受遗赠的主体资格。对此，法律规定子女对父母有法定扶养义务，但未规定儿媳对公婆有法定扶养义务，顾平也非二老的法定继承人，所以顾平作为遗赠扶养协议的扶养人，并无不当。遗赠扶养协议是遗赠方和扶养方在自愿协商的基础上订立的，且是双务、有偿协议。本案的两遗赠人和儿媳签订遗赠扶养协议是自愿的，而且是在两遗赠人于养老院生活期间需要即刻照顾的背景下才与儿媳所订立，儿媳在此之后也尽到了照顾、供养以及为两位老人送终的约定义务。此外，本案遗赠扶养协议虽然名为遗赠扶养协议，实际上也是附义务的遗嘱，即儿媳必须履行相应的义务，其才能取得财产。所以，本案中，顾平是该遗赠扶养协议的适格主体。此外，顾平作为约定扶养义务人，顾平的配偶李贞作为法定扶养义务人，两人所尽扶养义务不能等同。

其次，案涉遗赠扶养协议系二老在子女不在场的情况下所订立，由协议双方共同签署，并有证人在场见证，当事人意思表达明确，内容于法不悖，当属有效。遗赠扶养协议属于双务有偿的法律行为，作为扶养义务人的顾平已经尽到了协议中约定的生养死葬义务，理应获得遗赠。李念上诉认为遗赠扶养协议存在欺诈，非二老本人的真实意思表示，但其主张缺乏事实依据，上海一中院不予采信。

最后，相关法律规定：被继承人生前与他人订有遗赠扶养协议，同时又立有遗嘱的，继承开始后，如果遗赠扶养协议与遗嘱没有抵触，遗产分别按协议和遗嘱处理；如果有抵触，按协议处理，与协议抵触的遗嘱全部或者部分无效。本案中，二老虽然立有公证遗嘱，但又订立了遗赠扶养协议，所以在两者内容互有抵触时，应按遗赠扶养协议的内容予以处理。

上海一中院遂驳回上诉，维持原判。

法官说法

本案主审法官王刚指出，依据《民法典》第1158条，自然人可以与继承人以外的组织或者个人签订遗赠扶养协议。按照协议，该组织或者个人承担该自然人生养死葬的义务，享有受遗赠的权利。当前我国正逐步进入老龄社会，养老问题成为亟待解决的社会问题。

遗赠扶养协议作为自然人生前对其死亡后遗产的一种处置方式，是一种独具特色的遗产转移方式。协议本身的签订与履行使得一些缺少法定扶养义务人，或者虽有法定扶养义务人，但无法实际得到扶养的老人生前能得到最大限度的照顾和关怀，身后也能有人料理后事。

该案中公婆与儿媳所签订的遗赠扶养协议保障有力、履行充分，理应予以尊重和肯定。

文：王梦茜

16. 为买学区房"假离婚"
成真离婚，财产分割约定有效吗？

丈夫 "房子买好了，我们去复婚吧！"

"谁说要复婚了？我们已经离婚了。" **妻子**

丈夫 "你不是说买好学区房就复婚的吗？怎么出尔反尔？"

"我可没这么说过，我们已经没关系了。" **妻子**

  沪上一对夫妻为买学区房办了"假离婚"，签订了《离婚协议》，并约定了财产分割等条款。没想到买好房后，妻子却不肯复婚了。丈夫一纸诉状将妻子告上法庭，要求认定《离婚协议》中关于财产分割的约定无效，而妻子坚称《离婚协议》是双方协商一致的结果，应当履行。那么，离婚是否为双方本意？《离婚协议》中关于财产分割的约定还有效吗？

上海一中院审理了这起案件，二审判决驳回了妻子的上诉，维持原判，即《离婚协议》中关于财产分割的约定无效。

案情简介

为买学区房，"恩爱"夫妻"假离婚"

2013年1月，小刚和小敏自由恋爱后登记结婚，婚后小敏住进了小刚名下的房子里。两年多后，他们的女儿出生了。随着女儿渐渐长大，为了让女儿受到更好的教育，他们动起了再买套学区房的心思。

2019年，小刚和小敏看上了一套位于上海市区的学区房，但因二人已经有房，再行购房不符合首房首贷的优惠政策条件。于是，二人便商量着办理"假离婚"。因为小敏名下无房，离婚之后，就以小敏的名义购买了学区房，小刚将房屋的首付款以离婚补偿款的形式转给了小敏。

同年7月，小刚和小敏去民政局办理了离婚登记手续，并签署了《离婚协议》，协议中主要有三方面的约定：

1.关于抚养权：女儿归小刚抚养，小敏每月支付3000元的抚养费，直至女儿年满 18 周岁。

2. 关于婚后共同财产：双方现在各自名下所有的一切银行账户存款，归各自所有，不予分割；轿车一部归女方所有，车贷由女方承担；女方的店铺及相关设施均归女方所有。双方无其他夫妻共同财产。

3. 关于离婚补偿款总额及款项支付：男方支付女方补偿款 300 万元整。

离婚后，小刚将自己和母亲共有的一套房子变卖，并陆续给小敏转款共计 294 万余元。小敏用这笔钱付了学区房的首付，其间两人还在一起居住和生活。

妻子忽变卦，丈夫蒙在鼓里，人财两空

房子买好后，小刚催促小敏去复婚，但小敏却告诉小刚，他们已经离婚了。惊诧不已的小刚接受不了这个事实，与小敏发生了激烈的争吵。但小敏说什么也不肯复婚，并坚持说两人

已经没有感情了，离婚是双方自愿的。

说好的"假离婚"买学区房，没想到妻子忽然变了卦。小刚试图挽救，但小敏就是不松口，还从家里搬了出去。见复婚无望，小刚

虽后悔当初"假离婚"的决定，却也只能接受现实。

但想到《离婚协议》中关于财产分割的约定，以及转给小敏买房的294万余元，小刚还是气愤不已。他向小敏提出，要重新分割夫妻共同财产，并要求小敏归还购房款。

小敏却说，二人确实协商过购买学区房，但与离婚无关。她和小刚是因为经常争吵、感情不和而最终离婚，并且她也没有承诺过要和小刚复婚。《离婚协议》是双方协商一致签订的，合法有效。294万余元是离婚补偿款，不是购房款，不需要归还。

为买学区房闹得人财两空的小刚，一气之下将小敏告上了法庭，请求法院撤销或认定《离婚协议》中关于财产分割的约定无效，小敏归还小刚个人财产294万余元，并重新分割夫妻共同财产。

法院：离婚已成事实，但财产分割的约定无效

在案件审理的过程中，小刚又撤回了要求小敏返还钱款和重新分割夫妻共同财产的诉请，表示《离婚协议》撤销或无效的后果另行处理。

一审法院认为：小刚提供的双方微信聊天记录、录音等证据显示，小敏在离婚前多次与小刚讨论购房政策、贷款优惠条件以及房屋置换方案，并在办理离婚登记的前一日，还催促小刚办理离婚，表示"怕政策有问题，而且离婚时间越长贷款越好办"；离婚之后，在小敏与小刚及小刚的母亲的对话中又屡次提到"没有想过要真离婚""因为要买房子，必须要离婚"等，并认可曾说过"房本下来一年复婚"。以上说辞均体现出了小敏非真实的离婚意愿，并且其也未能对这些说辞进行合理解释，所以法院对小刚主张的事实予以采信，认定双方系为规避限购和贷款政策而办理的离婚登记手续。

一审判决支持小刚的诉请，《离婚协议》中财产分割的约定无效。同时，小刚表示撤回要求小敏返还钱款和重新分割夫妻共同财产的诉请，《离婚协议》无效的后果另行处理，是小刚对自身诉讼权利的处分，小敏对此亦无异议，法院予以准许。

一审判决后，小敏不服，上诉至上海一中院。小敏称，离婚补偿款是小刚为了拿到女儿的抚养权才给她的，并不是给她买房的，请求撤销一审判决，改判驳回小刚的原审诉请。

上海一中院经审理后认为：本案的争议焦点在于《离婚协议》是否是双方当事人的真实意思表示。判断协议是否为当事人的真实意思表示，需要根据双方当事人在签订协议前后的相关行为予以认定。

综观双方当事人在办理离婚登记前后的多次对话、微信聊天，可以充分认识到，双方办理离婚是为了购买房屋，二人签订的《离婚协议》是为了达到上述购房之目的而达成的虚假意思表示。虽然协议中约定了小刚需要补偿小敏300万元，在协议签订后，小刚也向小敏进行了转款，但该款项实为购房所需。

在审理中，双方当事人也确认了双方婚后并无如此大额的财产，小刚向小敏所转之款项也是出售了小刚与案外人共有的房屋后所得。若如小敏所述，小刚是为了得到女儿抚养权而向其支付补偿款，那么该补偿款也应在其可控、可承受的范围之内，但现该款项完全不在小刚的可承受范围之内，与其收入情况完全不匹配，所以小敏所述的该点意见完全不符合常理、不符合实际。

上海一中院遂判决驳回上诉，维持原判。

法官说法

本案主审法官黄蓓指出，法律上并没有"假离婚"这一概念，双方当事人一旦办理了离婚登记手续，婚姻关系即告解除，双方也不再是合法的夫妻关系。"假离婚"看似能让有些家庭从中牟利，实际上却潜伏着危机，可能给投机者带来物质和精神上的双重伤害。夫妻双方应严肃对待婚姻关系，切勿因小失大。

文：王梦茜

17. 离婚协议约定的**抚养费** 能"缩水"吗?

案件速览

离婚协议约定的抚养费在什么情况下可以降低?碰到一方称收入水平下降和受再婚再育的影响,要求降低抚养费时,法院会怎么判?上海一中院就审结了一起抚养费纠纷案件,二审最终驳回了男方要求降低抚养费的诉请,依法改判男方按照离婚协议的约定足额支付抚养费。

案情简介

7000元的抚养费，我付不起了

2020年6月初，离婚后独自带儿子小浩的方晴收到了前夫袁亮发来的一条微信："看了一下，最近资金很紧张。想用房屋的相应价值抵贷款和抚养费，接下来这两个月，你有什么具体想法？"

袁亮的这条信息，并不在方晴的意料之外——从去年开始，袁亮就提过要降低小浩的抚养费，理由是他创业的公司亏损严重，加上他再婚再育，实在负担不起每个月7000元的抚养费。

往事一下涌上了方晴的心头。方晴供职于一家外企，袁亮硕士毕业后开了家公司。两人相识、恋爱后走进婚姻殿堂。2015年1月，方晴和袁亮的儿子小浩出生了。本该是其乐融融的三口之家，却在一次次的夫妻不睦中走向终点。协议离婚，是这段感情最后的体面。2018年9月，方晴和袁亮去民政局办理了离婚手续，并签订了《自愿离婚协议书》，约定小浩归方晴抚养，袁亮每月支付抚养费7000元，至孩子18周岁止。按方晴的说法，7000元的抚养费，是根据当时袁亮的收入，以及方晴家人没法照看小孩，需要请住家保姆等一系列因素，共同商定的。二人在《协议》上也表示，鼓励对方尽快找到真爱和幸福。

一别两宽，各自安好。离婚后，虽然有时会迟，但方晴每个月还是收到了袁亮转来的抚养费，袁亮也会来探望小浩，直到袁亮2019年再婚。袁亮再婚后不久，与妻子生了一个女儿，并就减少抚养费的问题，多次找方晴协商。

方晴和袁亮结婚时共有过一套两居室的住房，为了小浩上学方便，离婚时，双方约定，房子由方晴和小浩居住，袁亮不会向方晴讨要费用，等小浩小学毕业后就把房子卖掉。但袁亮此时却提出，要用一间房间的租金（2500元）冲抵抚养费，这让方晴无法接受。

协商不成，袁亮开始少付抚养费了。

从2020年9月至11月，方晴只收到袁亮转来的3000元。二人再次协商。袁亮仍称，以现在的收入情况，每月最多只能给3000元的抚养费。袁亮表示他已搬到了方晴和小浩居住的小区附近，就是为了方便多照看孩子，照看孩子的时间也可以用来抵扣抚养费。而方晴认为，照顾、探视孩子是父亲应尽的义务，而且袁亮搬过来也是因为他的公司离此处较近，并没有因此多照看孩子。最后，还是要对簿公堂。

法院怎么判?

方晴向一审法院提出诉请，要求袁亮补付之前拖欠的抚养费1.8万元，并自2020年12月起，按照离婚协议约定每月支付抚养费7000元。

袁亮提出反诉，称2020年9月前已克服收入下降和再婚再育的压力，一直足额支付抚养费，但现在无力支付了，且孩子的实际需求并不用这么多，要求将孩子的抚养费自2020年9月起降低为每月3000元。

一审法院经审理判决，袁亮应补付抚养费1.8万元，并根据袁亮创业、再婚再育和小浩的每月开支情况，将小浩的抚养费调整至每月5000元。

方晴、袁亮均不服，向上海一中院提出上诉，二人均坚持一审的诉请。

上海一中院经审理认为，本案的争议焦点是袁亮应支付的抚养费标准，以及一审法院将离婚协议中约定的每月抚养费7000元调整为5000元之依据是否充分。

对此，上海一中院认为：

首先，袁亮与方晴离婚时，不仅签署了在民政部门备案的《自愿离婚协议书》，还签署了双方私下的《离婚协议书》，在两份协议中，对于抚养费均约定为每月7000元，可见，双方对于抚养费的金额系经深思熟虑后确定的结果。而且,从离婚后抚养费的实际支付情况看,虽有迟延支付之情形,但在一年多近两年的时间里,袁亮均能足额支付抚养费,可见,当时约定的金额亦未超出袁亮的支付能力。因此,如不存在支付方经济状况明显恶化、劳动能力明显降低等特定情况,双方理应恪守离婚当时的约定。

其次,就袁亮提出降低抚养费的几点理由而言,关于再婚再育和小浩的实际生活需要的理由,根据现有证据,袁亮在签署离婚协议时,并未以是否再婚再育或小浩实际需要多少学习和生活成本作为考量来计算抚养费金额;反而,在《离婚协议书》中,双方约定抚养费每月7000元的同时,还承诺鼓励对方尽快找到真爱和幸福,明显,再婚再育与否和当时承诺的抚养费金额之间没有关联。故现袁亮以该理由要求降低曾经约定的抚养费金额,缺乏依据。关于收入下降的问题,本案中,在袁亮与方晴的微信沟通过程中,确实提及其收入有所下降,但综观本案,袁亮除口头所称,并未提供起码之证据证明其当前的经济状况相较于离婚时已有明显下降。故上述理由,亦无据可循,法院难以采信。

最后,上海一中院驳回了袁亮的上诉请求,判决袁亮补付抚养费1.8万元,并改判袁亮自2020年12月起每月支付小浩的抚养费7000元,至小浩18周岁止。

法官说法

本案主审法官潘静波指出，离婚协议系双方为离婚而达成的一揽子约定，其中既会包含与身份关系紧密相关的解除婚姻关系的问题、孩子的抚养问题，也会包含更具财产属性的财产分割问题，但不论内容为何，均是曾经的婚姻双方综合考量各方面因素后达成的综合性协议，对双方当事人均有约束力。

已经完成离婚登记手续的，双方对达成的离婚协议应该遵照履行、严肃对待，不能轻易更改，否则对另一方便有失公允。只有确有证据证明，存在不直接抚养一方的整体经济状况明显恶化、劳动能力明显降低、再行支付将无法保障其基本生活等特定情形，才应考量降低抚养费诉请的合理性。

文：王梦茜

18. 母亲因何**得不到**两个儿子的**抚养权**?

案件速览

女方 "离婚协议里写明了大儿子由我抚养,他现在凭什么不把孩子还给我?"

"五六年时间了,她没有探视过孩子,也没有给过抚养费,她没有尽过做母亲的责任,我不能把孩子给她。" **男方**

一边是妈妈的愤愤不平,一边是爸爸斩钉截铁的拒绝,究竟是什么原因,让原本协议离婚多年的他们,为了孩子的抚养权闹上了法庭?大儿子到底该由谁来抚养?

上海一中院依法改判了这起抚养权纠纷案,认定抚养关系的确定应优先考虑子女的权益和意愿,根据实际情况综合认定，不能机械适用"一方抚养一个"的协议和惯例，最终驳回了母亲的诉讼请求，两个孩子均由父亲抚养。

离婚多年后，母亲来要抚养权

小董和小丽结婚后育有两个儿子，一家四口和和美美。然而，2014年3月，两人感情破裂，最终选择协议离婚。离婚协议书中约定，离婚后，大儿子贝贝归母亲小丽抚养，小儿子园园归父亲小董抚养。两人均抚养至18周岁，且互不支付抚养费。

虽然进行了上述约定，但是离婚时，小丽正处于离职状态，且没有自己的住房，要和父母长辈们居住在一起，再加上小董的父母当时表示愿意继续代为照顾两个儿子，所以离婚后，大儿子贝贝实际上一直跟随父亲生活。离婚后，小丽去了外地，且长期没有探视过两个儿子。

转眼五年过去了，2019年11月，小丽回到上海，向小董要求按照当年的离婚协议，将大儿子贝贝交给自己抚养。面对长期没有联系过的孩子母亲，小董没有同意她的要求。没多久，小丽便将小董诉至法院，请求法院判令大儿子贝贝由其抚养。

一审法院认为，双方的离婚协议是合法有效的，大儿子贝贝应当随母亲小丽共同生活。现小董有协助将贝贝交还小丽的义务。小董不服该判决,上诉至上海一中院。

 **法院审理**

尊重孩子的真实意愿,大儿子仍由父亲抚养

二审中,小董指出,两人离婚后并没有完全按离婚协议的约定执行,儿子贝贝和园园一直自己居住在一起,也是自己在抚养两个孩子。因长期没有同小丽联系,对小丽的生活现状并不了解,若现在让孩子回到她身边,不利于贝贝的身心健康。

此外,在二审中,小董还向法庭提交了一份新证据——视频材料。视频中,大儿子贝贝表达了对现在生活状态的满意,同时也表示自己愿意继续留在父亲身边。鉴于视频中贝贝表述得自然完整,且贝贝如今已经年满10周岁,上海一中院遂确认了这份视频的真实性,并予以采纳。

上海一中院认为,本案中,虽然双方离婚时协议约定长子贝贝归小丽抚养,但离婚后贝贝实际随小董共同生活至今。且小丽并无证据证明其目前的抚养能力和抚养条件优于小董,也没有证据证明小董存在不利于抚养孩子的情形。

当下,不应机械适用当时双方的离婚协议,而应当考虑现实情况的变化。多年来,贝贝同父亲小董事实上已经形成了固定且有益于其健康成长的抚养生活模式。再加上贝贝本人的意

愿表示，若改变贝贝目前的生活和居住环境，并不利于其身心的健康发展。

上海一中院遂撤销一审判决，对小丽的诉请不予支持，改判大儿子贝贝由小董抚养。

本案主审法官孔美君表示，父母与子女间的关系，不因父母离婚而消除。离婚后，子女无论由父或者母直接抚养，都仍是父母双方的子女。对于抚养关系的处理应从有利于子女的身心健康、保障子女合法权益的角度出发，同时结合父母双方的抚养能力和抚养条件、子女本人的意愿等具体情况妥善解决抚养问题。

《民法典》明确，离婚后，不满两周岁的子女，以由母亲直接抚养为原则。已满两周岁的子女，父母双方对抚养问题协议不成的，由人民法院根据双方的具体情况，按照最有利于未成年子女的原则判决。子女已满八周岁的，应当尊重其真实意愿。

文：姚卫华　叶嘉瑶

19. 同居期间的转账是否能认定为借款？

案件速览

　　同居恋人之间存在多次大额金钱转账，却没有任何证据证明这些钱是借款。分手后，两人因还钱问题对簿公堂。那么，这些转账到底是不是借款？法庭又将如何认定？

　　上海一中院二审审结了这起民间借贷纠纷上诉案，认为女方未提供证据证明双方存在借贷合意并已交付钱款，二审改判驳回女方要求男方返还同居期间借款的诉请。

案情简介

同居恋人因钱闹掰，分手后女方诉至法院

2018年初，丽丽不幸被确诊患有重大疾病。朋友阿军在治疗阶段经常给予她生活帮助和精神安慰，这让丽丽很感动，不久，两人便确立了恋爱关系，继而开始共同居住。

2020年初，丽丽的病情通过治疗得到了控制。身体好转，感情却出了问题：丽丽和阿军因为"钱"闹掰了。

原来，同居期间，丽丽曾两次抵押自有房产向银行贷款，用于流动资金周转。第一次的房产抵押款490万元，丽丽称已经陆续转给了阿军，而第二次的抵押贷款600万元，丽丽称其中的490万元用于归还第一次贷款，剩下的钱都转到了阿军指定的账户。

丽丽说，从2018年9月起，自己给了阿军270万元现金，转至阿军的账户288.5万元，一共借给阿军558.5万元。

阿军却一口否认："我从来没收到过270万元现金，转账是我和你公司之间的生意往来，根本不是借款。第一次贷款是你自己要开火锅店，第二次贷款是为了还银行第一次的钱，和我有啥关系？"

丽丽："我信任你，没和你签借款协议，没想到你现在居然不承认！"

两人争执不休，阿军干脆从丽丽家搬走，这段感情戛然而止。不久,气愤的丽丽把阿军告上法庭,请求法院判令阿军返还同居期间的借款共计558.5万元。

一审:借贷关系确认,男方应返还转账差额23万元

一审中,丽丽提供了银行账户交易明细,显示她自2018年9月起至2019年4月共给阿军转账288.5万元。

阿军认为转账确实存在,但不认可是借款,并提供了他的银行账户交易明细及微信支付转账电子凭证,证明他于2018年5月至2020年8月期间共转给丽丽23笔款项,共计265.5万元,用于丽丽个人及她的公司经营所需。

丽丽认可阿军上述转账的真实性,但表示收到转账款后均已取现交给阿军。双方都表示,除上述所列各自向对方的转账外,双方还有其他经济往来,但不列入本案诉请范围或不需要在本案中处理,均不再举证。

一审法院经审理后认为,丽丽与阿军在同居期间存在多次、大额的银行转账往来,超出了日常生活必需,丽丽关于因恋爱关系未要求阿军立据的解释存在事实基础,借贷关系应予确认。双方在本案中确认的银行转账交易差额23万元,应为借款,阿军应承担返还之责。丽丽称曾交付阿军现金270万元,遭阿军否认,且未在举证期限内提交证据,应自负举证不能的责任。一审法院判决阿军归还丽丽23万元。

两人均不服，分别提起上诉。

丽丽上诉称，阿军的转账并非还款，而是让她帮忙取现；且一审对借款270万元现金一节的事实并未查明，故请求撤销一审判决，改判支持其一审全部诉请。

阿军则上诉称，双方之间并无借贷合意，丽丽更不曾交付过270万元现金，转账款是其他经济往来，请求法院改判驳回丽丽一审的全部诉请。

二审：未证明借贷合意且已交付钱款，改判驳回女方诉请

上海一中院经审理认为，首先，丽丽未提供借据、收据、欠条等债权凭证，亦未提供其他证据证明其与阿军之间存在借贷法律关系。虽丽丽主张因身份关系特殊，所以在借款时未出具书面债权凭证，但即便如此，事后亦应有微信、短信、邮件、录音、证人证言等其他证据证明借款关系的存在，而本案中，丽丽并未提供任何此类证据，故对于丽丽关于其与阿军之间存在民间借贷法律关系的主张，上海一中院不予采信。

其次，丽丽主张交付阿军的款项数额分为两部分：现金交付270万元，转账288.5万元。对于以现金形式交付的270万元，丽丽并未提供交付现金的相应证据，上海一中院对此不予采信。关于转账的288.5万元，根据一审中丽丽提供的银行流水明细，转账时间段与丽丽向银行两次贷款的时间并不吻合，

无法证明转账款即两笔贷款资金。

而阿军也曾转账给丽丽共 265.5 万元，且一审中双方当事人还表示，除上述所列各自向对方的转账外，双方还有其他经济往来。

上海一中院认为，在此情况下，显然无法将双方各自主张的部分转账款从所有经济往来款中割裂出来单独作出认定，除非双方当事人自行确认，而本案中丽丽和阿军对各自转账的款项性质、用途存在争议。

综上，丽丽主张其与阿军之间存在民间借贷法律关系，但其既未提供证据证明双方存在借贷合意，亦未提供证据证明已经交付借款，故法院不予采信。

上海一中院改判，驳回丽丽一审的全部诉请。

法官说法

民间借贷法律关系的成立需要双方存在借贷合意，并有款项交付的事实。出借人向人民法院提起民间借贷诉讼时，应当提供借据、收据、欠条等债权凭证以及其他能够证明借贷法律关系存在的证据。

本案主审法官侯卫清提醒，恋爱阶段，男女经济往来频繁，往往会形成复杂的法律关系，大家一定要增强法律意识，恋爱、同居关系、基于信任未签署借款协议或书面借据等理由均不能作为"双方之间的往来款就是借款"的证据，更不能替代借据、收据、欠条等债权凭证起到证明民间借贷法律关系存在的作用。因此，请务必留存必要的借贷证据，减少因恋爱关系结束而引发的经济纠纷。

文：李丹阳

20. 爸爸没告诉我，就把我的 房子抵押了

 **案件速览**

　　为顺利借到钱，父亲私自代替未成年的儿子签署了不动产抵押借款合同，抵押了两人的共同房产。现在父亲还不上钱，出借人要求实现担保房屋的抵押权……这一系列操作，儿子始终被蒙在鼓里。难道，他的那份房产就要这样被拿走了吗？

　　上海一中院依法审结了这起民间借贷纠纷上诉案，认定系争抵押借款合同中的抵押部分无效，判决驳回了出借人要求行使抵押权的诉讼请求。

为顺利借到190万元，父亲私自抵押和儿子的共同财产

2018年，陈先生工地资金周转紧张，急需用钱。经朋友介绍，他认识了大林，两人约定，由大林借给陈先生190万元应急。

12月12日，陈先生向大林出具借条，并表示他会在2019年3月11日之前归还，如果到期未能全额归还，则按千分之三的日利息计算违约金，同时承担律师费及一切诉讼费用。

当天，双方还签订了《不动产抵押借款合同》，约定陈先生和陈先生的儿子小陈作为抵押人，以他们共同共有的一处房屋担保190万元借款的债权，担保范围为借款本金、利息、违约金、实现债权的合理费用等。

抵押合同上的确有陈先生和小陈的签名，只不过小陈的名字是由陈先生代签的。

2018年12月15日，大林和陈先生办理了不动产抵押登记。之后，大林分别于2018年12月17日、12月19日、12月21日、12月23日向陈先生的银行账户转账，共计190万元。

借款到期后，大林多次催讨，陈先生却始终没有还钱。大林无奈，向法院提起诉讼，请求法院判决陈先生、小陈偿还大林借款本金190万元，并偿付相应的违约金利息，若陈先生、小陈未能按时归还借款，大林可就全部欠款本金、利息等实现担保房屋的抵押权。

一审：违反法律禁止性规定，儿子的抵押部分无效

一审法院认为，根据《民法总则》（已失效）第35条第1款的规定，监护人应当按照最有利于被监护人的原则履行监护职责。监护人除为维护被监护人利益外，不得处分被监护人的财产。该规定属于禁止性规定，陈先生作为小陈的监护人，用与小陈的共同财产为自己的借款设置抵押，并非为了小陈的利益处分小陈的财产，违反法律的禁止性规定。

大林明知系争房屋登记在陈先生及未成年人小陈名下，理应从保护未成年人利益的角度出发，谨慎地对系争房屋的抵押情况进行审查，规避该抵押可能给未成年人带来的风险。但其在没有证据反映陈先生系为小陈的利益抵押房产的情况下，依然未履行相应的审查义务，故大林对抵押权不构成善意取得。

因此，本案抵押合同中涉及小陈的财产抵押部分无效。陈先生对属于自己份额的部分设置抵押并办理了登记手续，抵押有效。

一审法院经查明相关事实后，计算确认，陈先生的未还本金为139.1591万元。

综上，一审法院判决陈先生归还大林剩余应还本金，并偿付大林逾期还款违约金（根据不同阶段的法定最高利率计算），若陈先生到期未履行上述给付义务，大林可以担保房屋中陈先生的份额为限，在抵押权登记范围内对上述债权优先受偿。

陈先生不服，向上海一中院提起上诉，请求依法改判，确认《不动产抵押借款合同》中关于房屋抵押的内容无效。

二审：非出于儿子利益且未经儿子同意，
改判抵押全部无效

二审法院经审理查明，系争房屋为陈先生与案外人小琴的夫妻共同财产，2016年4月，陈先生与小琴经法院调解离婚后，儿子小陈随小琴共同生活，系争房屋则变更登记为陈先生与小陈共同共有。

法院经审理后认为，小陈对系争房屋的份额来源于父母的赠与，是陈先生与小琴离婚时双方协商一致的结果，且经过法院出具的调解书确认。

陈先生作为小陈的监护人，用与小陈共同共有的财产为自己的借款设定抵押，属于无权代理，而大林亦不构成善意取得。

根据《最高人民法院关于适用〈中华人民共和国担保法〉若干问题的解释》（已失效）第54条之规定，按份共有人可以其共有财产中享有的份额设定抵押；但共同共有人只有在全体共有人都同意，或者其他共有人知道或者应当知道但未提出异议的情况下，才能以共有财产设定抵押。

本案中，陈先生和小陈对系争房屋为共同共有，但结合在案证据，无法证明陈先生以系争房屋设定抵押的行为经过了小陈的同意，亦无证据证明小陈知道或者应当知道上述情况而未提出异议。故依据上述法条，系争抵押借款合同中的抵押应属无效。大林要求行使抵押权，缺乏事实和法律依据，法院不予支持。

二审法院遂作出前述改判。

法官说法

本案主审法官顾恩廉指出，《民法总则》第35条第1款属于禁止性规定，监护人如果不是为了被监护人的利益而以被监护人的名义处分其财产，则超越了法定代理权限，应当认为构成无权代理，该处分财产的行为对被监护人不发生法律效力，应当由监护人自己承担相应的法律责任。

本案事实发生在《民法典》施行前，故有关抵押效力的认定应当适用当时的法律及司法解释。若案涉事实发生在《民法典》施行后，则应当适用该法第301条之规定，即处分共有的不动产或者动产以及对共有的不动产或者动产作重大修缮、变更性质或者用途的，应当经占份额三分之二以上的按份共有人或者全体共同共有人同意，但是共有人之间另有约定的除外。由此可见，现行法律对共有人抵押共有房产的要求更加严格。

法官提醒，监护人在处置未成年被监护人的事务时，应切实满足被监护人的利益而非监护人的利益，同时可根据未成年人的心理成熟程度，适当让其一起参与决定。本案判决亦明确宣示了法院切实维护未成年人合法权益的鲜明态度。

文：李丹阳

21. 试用期未通过，她却一口咬定公司违法解约……

公司在试用期内与员工解除劳动合同，员工以便于下一次求职为由，请求将离职时间推迟至试用期后，事后却否认双方达成过解约合意，诉至法院，要求恢复劳动关系。公司是否构成违法解约？

上海一中院审理了这起劳动合同纠纷案件，最终二审认定劳动者系恶意磋商，公司的行为不构成违法解除劳动合同，驳回上诉，维持原判。

案情简介

是合意解约还是违法解约？

2019年9月3日，王晓晓入职方晖公司，双方签订劳动合同，约定月工资4.3万元，合同期限为2019年9月3日至2022年9月30日，试用期6个月。

2020年2月18日，公司人事通知王晓晓，其试用期未通过，不能转正，最后工作日为2月21日。

2020年2月21日中午，王晓晓通过电子邮件、手机短信的方式，向部门副总裁和人事提出，为了便于其下一次求职、双赢起见，请求将离职时间延后到试用期之后，并提议将最后工作日定到3月底，预先感谢公司的宽厚。

公司遂于当日先后通过微信及电子邮件的方式向王晓晓提供了《协商解除协议》，内载双方于2020年3月15日解除劳动关系、薪资结算至2020年3月31日。王晓晓在微信中回复"已阅、没问题"。由于公司尚未复工，人事要求王晓晓在签署协议后，扫描或拍照并发回。王晓晓以其需要找地方打印扫描等为由拖延。后在人事的催促下，王晓晓于当晚十点多将协议送至公司保安室，并发短信告知人事。

2020年2月25日，王晓晓的上级向王晓晓发送邮件，请其在3月15日前交接公司物品。

2020年3月13日，王晓晓向人事发送短信，告知其自己没有在《协商解除协议》上签字，之所以在之前的邮件中没有一口咬定"非本人签字"之事，是"留了余地，有利于你们内部调查、分配责任时，HR有机会免责，这也是最后的善意吧"。王晓晓提出，她在工作期间无任何失职，不同意与公司解约。公司则认为双方已协商一致，于3月16日向王晓晓出具了双方已于3月15日解除劳动合同的离职证明。

2020年4月7日，王晓晓以公司违法解除劳动合同为由申请劳动仲裁，要求公司恢复与其的劳动关系，并按月工资4.3万元的标准支付自3月16日起至仲裁裁决之日止的工资。仲裁裁决未支持王晓晓的请求，王晓晓不服，诉至法院。

法院审理

一审：双方对解约已达成合意，公司不构成违法解约

一审中，王晓晓提供了一份没有签名但有她手写批注的解约协议，她称这份才是她2020年2月21日晚向公司递交的协议，公司的那份有她签名的协议是假的，签名是公司伪造的。

方晖公司否认王晓晓的说法，称王晓晓在仲裁时未递交过该份协议，也从未在诉讼前提出过协议上有诸多批注。

一审法院认为，因方晖公司对王晓晓提供的协议之真实性有异议，且王晓晓无相关证据佐证该份协议就是她2020年2月21日晚向方晖公司递交的协议，故对该证据的证明目的不予确认。

同时，双方2020年2月21日期间往来的电子邮件、企业微信、手机短信，已经完整反映出双方协商解除劳动合同的过程，上述劳动合同解除和薪资结算的时间均由王晓晓先提出，说明双方已经形成合意。

王晓晓事后提出的相关说辞与证据，均不足以证明其在2020年2月21日对于双方间的协商解除协议有不同意或明确拒绝的行为，故判决驳回王晓晓的全部诉请。

王晓晓不服，上诉至上海一中院。

上海一中院：诚信为本，维持原判

二审中，王晓晓提供了公司发送给员工的电子邮件以及部分工作手稿等证据，以此证明其未与公司解约，还在继续工作。

经查，王晓晓提供的电子邮件内容并未体现2020年2月21日后方晖公司向她单独布置、设定工作任务的安排，与本案处理结果也无直接关联，故本案对此不作认定；工作手稿是王晓晓单方制作的，亦未得到方晖公司的认可，故对此不予确认。

上海一中院经审理认为，本案的争议焦点为方晖公司以与王晓晓达成一致为由解除劳动合同，是否构成违法解约。

首先，王晓晓在方晖公司通知其离职后，于2020年2月21日向方晖公司提出希望将最后工作日定在2020年3月底，并表示预先感谢方晖公司的宽厚。

方晖公司为此而拟定了《协商解除协议》，并先后通过企业微信、电子邮件的方式发送给王晓晓，同意将薪资结算至王晓晓先前提出的最后工作日，仅将解除劳动合同时间提前至2020年3月15日。

王晓晓在收到方晖公司人事通过企业微信发送的注明"协商解除协议"名称的文件后明确表示"已阅、没问题"，此应视为双方已口头就协商解除劳动合同的时间达成一致。

其次，王晓晓于该日将《协商解除协议》打印后，送至方晖公司保安室，随后发送短信告知方晖公司人事，并未提及其对《协商解除协议》有异议，甚至直至试用期满也未见王晓晓告知方晖公司其对《协商解除协议》有异议等事实，这也可印证方晖公司有关双方于2020年2月21日已就协商解除劳动合同达成合意之主张。

最后，从在案证据所反映的王晓晓在其与方晖公司协商解除劳动合同过程中之行为表现看，实难认定王晓晓系诚信善意磋商。如若双方之间的协商解除劳动合同协议未能达成，王晓晓对此也存在缔约过失，应就方晖公司由此所产生之损失承担赔偿责任。

综上，上海一中院认定方晖公司之行为不构成违法解约，判决驳回上诉，维持原判。

本案主审法官孙少君指出，诚信作为立身之本、从业之要，既是中华民族的传统美德，也是社会主义核心价值体系的重要组成部分。

本案中，劳动者在用人单位向其预告因其试用期不合格而解除劳动合同后，如对用人单位作出的试用期不合格的评判有异议，认为用人单位以该理由解除劳动合同构成违法解约，完全可以依据《劳动合同法》寻求相应法律救济，但其却以便于下一次求职、实现双赢为名，假意与用人单位协商变更劳动合同解除日期，拖延至试用期满后，才对自己送交至公司处的《协商解除协议》提出异议。劳动者的该种行为既有悖诚信，也未能实现继续维系劳动关系的目的。

和谐稳定劳动关系的建立、劳动者合法权益的维护，需以诚实信用为基石。不论是劳动合同的订立、履行、变更，还是解除、终止，用人单位和劳动者均应遵循诚实信用原则，以合法方式保护自身权益。

文：王梦茜　王徐池然（实习）

22. 应届生**落户**上海**失败**，谁之过？

案件速览

　　小阳作为上海某高校2021年的应届大学生，毕业后入职了一家具有落户资格的文化公司。然而，小阳满心期待近半年后，却落户失败。

　　小阳未能落户的原因是什么？落户失败和小阳所在公司有没有关系？

　　上海一中院依法审结了这起特殊的劳动争议纠纷上诉案，最终认定小阳和文化公司均存在一定过失。

案情简介

2021年，小阳毕业后入职了一家文化公司，入职后就请公司代为提交了自己的落户材料。落户材料提交后，当年9月底，小阳第一次向文化公司工作人员询问了落户审批结果。文化公司工作人员查询后将查询截图发给了小阳，并发微信称："系统显示申请结果为材料已接收，尚未出审批结果。"

2021年11月，小阳再次询问落户审批结果，文化公司工作人员查询后回复："申请结果"仍为"材料已接收"。

时隔两个月，还是相同的审批结果，小阳不太放心，想着同批的小伙伴差不多已经收到审批结果，于是小阳就在一两天后拿着公司查询到的审批结果的截图前往上海市学生事务中心询问，中心给予回复，表示需要继续等待。之后的一段时间小阳便未再向文化公司要求查询审批结果，也未再前往学生事务中心询问。

很快时间来到了2022年2月9日，小阳再次请文化公司帮忙查询落户审批结果，此次文化公司查询到的是："申请结果"为"未通过"，公布日期为2021年11月29日。小阳和文化公司经查询，得知审批结果未通过的原因是小阳提交的成绩单错误。而此时已超过审核结果30天的申诉期。

小阳认为其作为应届大学生，落户上海的机会就这样错失，心有不服，于是向劳动人事争议仲裁委员会申请仲裁，仲裁机构未予受理，小阳便向法院提起诉讼。小阳认为文化公司应当为他未能落户承担相应责任，要求文化公司支付损失赔偿金10万元。

法院审理

一审法院在审理中确认小阳落户失败是成绩单上的一个选项勾选错误，导致材料上交后审核未能通过。一审法院认为，小阳从高校获取成绩单后，应对照相关规定和要求进行必要的审核，小阳未能及时发现问题，自身存在一定责任，文化公司并无审核义务。

此外，小阳在最终结果出来之前，自身亦存在怠于持续跟踪此事办理进度的情况，对未能及时获取审批结果存在一定责任。而文化公司作为申办该事项且唯一享有查询获取结果渠道的主体，有义务在递交了小阳的申报材料后及时关注、获取申报的进度和审批结果。因此，文化公司对小阳落户失败亦承担相应责任。

最终一审法院判决文化公司支付小阳损失赔偿金5万元。

文化公司不服，向上海一中院提出上诉，要求法院撤销原判，驳回小阳的诉请。

根据沪教委相关文件规定"各用人单位及时为本单位录用的非上海生源毕业生办理就业登记等进沪就业的相关手续"，小阳落户失败的原因有二：一是小阳自行准备的成绩单选项勾选错误；二是在知晓成绩单错误时已错过申诉时间。因此，上海一中院认为，本案的争议焦点为该文化公司是否应当为小阳申请落户过程中错过申诉时间承担责任。

应届生落户上海是难得的一次机会。作为用人单位，文化公司在获知小阳对落户上海有积极要求时，已作出协助办理的意思表示，并应当对落户上海的申请程序做到明确知道。根据《2021年非上海生源应届普通高校毕业生进沪就业申请本市户籍办法》，用人单位是申请落户的唯一主体，是享有查询获取结果渠道的唯一主体以及对结果提出申诉的唯一主体。然而，文化公司作为用人单位，怠于及时关注、获取申报的进度和审批结果，对错过申诉时间的结果应当承担相应责任。

综上，上海一中院驳回上诉，维持原判。

法官说法

本案主审法官严耿斌表示，做好大学生就业工作对稳定就业市场具有十分重要的意义，落户问题对原籍非本市的大学毕业生亦有重要影响。用人单位虽无办理落户申报的法定义务，亦对申报材料的真实性、有效性及合法性不承担审核责任，但作为接收大学毕业生就业的用人单位，应当承担起相应责任。

公司作为申报主体，应该熟知并掌握相关落户政策，在劳动者本人无法获取审核结果，且在申报时留存的系公司联系方式的情况下，应及时关注申报后续进展及结果。申请落户者对事关自己切身利益的重大事宜，应当作为第一责任人，确保申报材料内容准确合规，及时沟通和提醒申报主体，跟进查询审核结果。

文：徐懿　姚卫华

23. 回老家**办婚礼**，回来后 **工作没了**？

案件速览

公司
"你已 3 日没有到公司上班，也未获得公司批准休假，公司视为旷工处理……如逾期未上班，将按照公司有关规定与你解除劳动合同，一切后果自负！"

"由于两方距离较远，家里安排了两场婚宴，前期出于公司角度考虑，已调整过一次婚期，现新调整的婚期将至，无法再做出调整，所以我不得不在这几天请假。"
员工

公司一方发出严肃通知，员工一方给出无奈答复，"难题"无解，双方最终对簿公堂。

上海一中院审结了这起劳动合同纠纷案，二审改判公司支付员工违法解除劳动合同赔偿金4.6万元。

案情简介

小钟是一家心理咨询公司的市场部设计师，想利用国庆假期休婚假，回老家办婚礼。于是早在8月小钟就口头向领导说明了请假事项，却未得到准许。

婚期临近，小钟又一次向公司提交了书面请假申请，此次公司回复说，公司主要从事儿童多动症研究和咨询服务，属于特殊行业，国庆期间恰值经营旺季，公司国庆节休假方案为10月1日至10月3日放假，10月4日至10月7日工作，10月8日至10月11日补休。

公司出于经营情况的考虑仍未同意小钟的婚假申请，并建议小钟换个时间请假。小钟表示之前已调整过一次婚期，这次不便再做调整，并问如果不批准婚假，这几天请事假是否可行。公司对此未予回复，并在9月下旬制定并发布了连续旷工3天或一年内累计旷工5天立即辞退的《考勤管理办法》。

沟通未果，小钟如期回老家举办婚礼，这也就出现了文中开头的一幕。公司认为小钟旷工5天，严重违反了公司的规章制度，10月7日便解除了与小钟的劳动合同。小钟为此提起劳动争议仲裁，要求公司支付违法解除劳动合同赔偿金，因该请求未得到仲裁支持，小钟又向法院提起诉讼。

法院审理

一审中，小钟请求法院判决公司支付其违法解除劳动合同赔偿金8.2万余元。

考虑到心理咨询公司的经营范围以及工作性质，国庆假期工作安排具有合理性，此外双方均确认小钟仅系公司一名普通岗位工作人员，因此综合公司及小钟岗位情况，公司未同意小钟婚假申请，建议更换休假时间具有合理性。

小钟自行休假，经公司多次催告仍未按时到岗。公司解除劳动合同并无不妥。

因此，一审法院对小钟提出的违法解除赔偿金支付请求未予支持。小钟不服，向上海一中院提出上诉。

二审中，小钟认为公司拒绝其请婚假不合理，自己所在岗位并不是主要岗位，请假并不会影响公司日常工作开展。小钟请求改判公司支付违法解除劳动合同赔偿金8.2万余元。

心理咨询公司认为公司员工少，每位员工的工作都处于饱和状态，国庆经营旺季难以调整人员顶替其工作岗位，且小钟请假时间过长。小钟对此并不认可，但考虑到公司实际经营状况等因素，变更违法解除劳动合同赔偿金主张金额为4.6万元。

小钟在请假未被批准的情况下数日未上班属实，但就请假事由而言，小钟请假回老家举办婚礼符合我国传统风俗习惯，请假事由具有正当性；就请假过程而言，小钟为举办婚礼曾几度向公司负责人提出请假申请，并对请假原因进行详尽解释，说明自身困难，并表示在公司不同意请年假和婚假的情况下请休事假，已尽到了请假过程中的注意、慎重义务；就请假天数而言，结合小钟的请假原因、婚礼举办地点，其请假天数难谓不合理。

从双方陈述的小钟的工作职责及请假期间需要小钟完成的工作内容看，实难认定存在小钟不能离岗的紧迫性，心理咨询公司拒不准假的理由欠充分。

从心理咨询公司据以解除小钟劳动合同的规章制度看，公司在明知小钟因举办婚礼需要请假且婚礼日期难以变更的情况下，于9月下旬制定该规章制度，具有一定针对性。

从对小钟未上班行为作出解除劳动合同处理的惩戒适配度看，小钟提出的请假申请本身即具有合理正当性，公司亦自述并非不同意小钟请婚假，只是认为小钟请假时间太长，但并未向小钟进行告知，扣除其认为合理的请假时间后，小钟旷工也未满3天，其对小钟作出解除劳动合同的处理显属惩戒过度。

综上，心理咨询公司对小钟基于举办婚礼提出的请假申请以及后续未上班行为所作处置，欠缺合法性、合理性、正当性，构成违法解除。小钟现变更主张的违法解除赔偿金额未高于法定标准，应予准许。

最终，上海一中院改判心理咨询公司支付小钟违法解除劳动合同赔偿金4.6万元。

 **法官说法**

本案主审法官孙少君表示，用人单位依法享有基于生产经营需要制定规章制度，对劳动者进行用工管理之权利，但该权利的行使应依法有度、合理正当，不能一味追求自身经济效益，而忽视、侵犯劳动者的合法权益。

作为劳动者，在依法维护自身权益的同时，亦宜适时换位思考用人单位实际经营压力，合理确定诉请主张金额。

对于司法裁判者而言，应在充分尊重当事人意愿的前提下，积极引导劳动者与用人单位互谅互协，努力使裁判结果兼顾劳动者合法权益的保障与用工企业的生存发展。

文：姚卫华

24. 儿童滑板车闯祸，判赔 13 万元！

 案件速览

儿童爱玩是天性，但在玩耍的过程中，监护人不能大意，既要保护好儿童的安全，也要避免儿童对他人造成不必要的损伤。

上海一中院便审结了一起儿童玩滑板车造成的身体权纠纷上诉案，法院判决玩耍滑板车的儿童及其父母赔偿被撞老伯13.5万余元。

案情简介

刘老伯和王奶奶是同一小区的住户。一天下午，他们同往常一样到幼儿园接各自的孙子孙女放学回家。王奶奶给孙子元元带上了他平时爱玩的滑板车。

在返回小区的路上，元元玩滑板车时突然撞到了在其前方、正在行走的刘老伯，刘老伯倒地受伤。不久，刘老伯的儿子赶到事发地，并报了警。公安机关出警并安排救护车将刘老伯送到医院救治。王奶奶陪同就医，并向刘老伯支付了1000元用于应急救治。后来，经医生诊断，刘老伯的右股骨粗隆间骨折，在医院治疗9天后出院，后续又至医院复查。

当日出警记录仪显示，在民警询问刘老伯是否与滑板车发生碰撞时，王奶奶表示是小朋友玩滑板车时，滑板车前行碰到了刘老伯的脚后跟。现场同行的人员也表示小朋友没有及时刹住车，双方发生了接触。之后，两家就治疗费等费用协商未果，于是刘老伯向法院提起诉讼。

经司法鉴定，刘老伯右下肢外伤，后遗右髋关节功能部分丧失，构成十级残疾，伤后一期、二期治疗需要相应的护理和营养期限。

法院审理

一审法院经审理后认为，无民事行为能力人、限制民事行为能力人造成他人损害的，由监护人承担侵权责任。因此，元元及其父母应对刘老伯的损伤承担全部赔偿责任，共计13.5万余元。元元及其父母一方不服，向上海一中院提出上诉。

二审中，元元及其父母一方认为：刘老伯并非被滑板车撞倒，而且其平时就行走不便，存在高低脚的情况，入院检查存在"右下肢缩短畸形"的记载，还有高血压和糖尿病等慢性病，再加上刘老伯在事发时对周边情况疏于注意，故不应由元元及其父母一方承担全部责任。

刘老伯一方辩称：自己的右下肢缩短畸形是因髋关节粉碎性骨折导致肢体位移所致，自己作为正常行走的人，对从身后接近的滑板车没有注意义务，老年人的慢性疾病也不是侵权人的免责事由，要求维持原判。

上海一中院经审理后认为，王奶奶及案外人均在现场向警方陈述，元元的滑板车与刘老伯脚后跟发生触碰，导致刘老伯倒地摔伤；医院诊断资料显示的"断端成角位移""移位明显""右髋部外旋畸形"等伤情足以导致肢体长度异常；再者，司法鉴定结论亦明确，刘老伯系因粉碎性骨折、髋关节活动受限而构成十级伤残。

综上，元元及其父母提出的质疑均缺乏事实依据，且刘老伯的致残原因亦与慢性疾病无关。

上海一中院还认为，作为未成年人，在使用滑板车时，其监护人应当善尽监护职责，并应当知晓公共场所的通行规则及安全要求，对未成年人予以必要的提示、引导及保护。

元元是幼儿园大班儿童，虽然仍无法律意义上的民事行为能力，但对于滑板车的行进路线、与他人的相对距离、主动避让等这样一些与其年龄相适应的基本安全常识，应当具备一定的认知能力，而事发时，其在场的成年亲属也未能对其实施有效管控。

因此，元元及其父母对刘老伯的人身损害应当承担全部赔偿责任。

上海一中院驳回了元元及其父母的上诉请求，维持原判。

本案主审法官刘佳表示，儿童滑板车在性质上属于玩具，不享有路权，只能在不具有公众通行功能的封闭式小区或室内场所使用；但即便在此等场所使用，监护人也必须尽到妥善监管的义务，确保安全。

本案中的儿童滑板车，两条踏板系开合式结构，使用人两脚踩于踏板上、两腿持续开合，以此实现车体前进运动。此等结构和行进方式，决定了车体宽度在行进过程中处于不断变化的状态，这也就意味着，此种结构的滑板车比一般结构的滑板车具有更大的安全风险。

因此，当未成年人使用此种滑板车时，其监护人或在场的成年近亲属，更应秉持高度谨慎的态度，切实履行管控之责，避免自己或他人遭受伤害。

文：姚卫华

25. 走着走着撞伤了，咋赔？

案件速览

　　走在路上与他人擦肩而过是再正常不过的事情了，不过要是两个人走着走着撞到一起了，一方还因此摔倒，受了重伤，伤者要求得到对方的赔偿，这时候，责任应当如何分配呢？

　　上海一中院审理了这起健康权纠纷案，二审驳回了撞人者拒绝赔偿的上诉请求，维持一审双方各承担一半责任的判决。

 案情简介

走路相撞，伤者索赔33万元

2020年6月的一天，老汪正准备由北向南穿过斑马线，一脚踏上人行道，恰逢阿娣由西向北走至人行道路口，两人相碰，阿娣趔趄倒地。

这一摔可不轻，阿娣坐在地上起不来了。老汪赶忙拨打110报警，并叫了出租车送阿娣去医院检查。经诊断，63岁的阿娣右股骨骨折，住院治疗了20天有余。其间，阿娣还进行了骨折复位内固定手术，共花费医疗费12万余元。

阿娣认为，她当时是正常行走，因突然被一边向别处张望、一边急行的老汪撞倒在地，才会骨折住院治疗，老汪的行为构成对其健康权的侵害，应当赔偿。但老汪认为，根据二人的走路方向及当时的道路监控，撞到阿娣的并非老汪，而是另有其人，可能是当时快速经过的一位身材高大的路人，且阿娣骨折与其本身有骨质疏松有关，故拒绝任何赔偿。

阿娣遂诉至法院，请求法院判决老汪赔偿医疗费、误工费、护理费、残疾赔偿金等共计33万余元。

一审法院经审理后认为，本案中，阿娣、老汪均是正常行走，但双方均疏于观察，未尽必要的注意义务，进行避让，导致相碰，阿娣倒地受伤，双方均有责任。对于阿娣受伤后造成的损失，应由阿娣、老汪对半承担。老汪认为是第三人造成阿

娣倒地受伤，依据不足，不予采信。

经核定，阿娣的合理损失为27.4万元，一审法院遂判决双方各自承担全部费用的一半即13.7万元。

 法院审理

证据清晰，责任各半，撞人者需赔13.7万元

老汪不服，上诉至上海一中院。

老汪认为，现有证据无法证明是其与阿娣在人行道上发生相撞，而是案外人与阿娣发生了身体碰撞。

在二审审理过程中，阿娣提交了从公安局接警平台调取的报警录音，报警人正是老汪，主要内容涉及报警人老汪陈述其走路与一老人相撞，老人受伤。阿娣认为这个录音可以证明事故的原因是双方在路口相撞，自己的伤情是她与老汪相撞引起的。

在听到录音后，老汪又改口称实际情况为三个人之间的碰撞，案外人是直接肇事者，一审法院直接免除直接肇事者的责任，将事故归责于做好事的老汪是错误的。

上海一中院经审理后认为，本案的争议焦点为当事人之间有没有发生碰撞的事实、阿娣倒地受伤是否是与老汪相撞造成的、阿娣的受损费用是否应当由老汪承担相应的份额。结合

案发路口的监控录像、110报警处登记表信息、接警平台录音等证据的内容，可以明确老汪和阿娣发生了碰撞，阿娣的伤也的确是与老汪相撞导致的。老汪在报警时明确陈述系其与阿娣相撞，阿娣因此受伤，并未提及案外人亦与本案当事人发生了相撞。

因此，老汪在本案中的诉辩意见明显与在案事实相悖，法院不予采信。一审法院根据在案事实，认定双方责任各半并无不当。综上，上海一中院驳回了老汪的上诉，维持原判。

法官说法

根据法律规定，行为人因过错侵害他人民事权益造成损害的，应当承担侵权责任。被侵权人对同一损害的发生或者扩大有过错的，可以减轻侵权人的责任。本案中，老汪撞倒阿娣使其受伤，致其损失，阿娣亦疏于观察，存在一定过错，因此可以减轻老汪的侵权责任。

法官提醒，"道路千万条，安全第一条"，不论使用何种出行方式，都需谨记交通安全规则，警惕交通危险行为，科学合理避险，注意观察、留意身边，安全你我他。若发生事故，应积极抢救伤员，事后依法赔偿，承担应尽的法律责任。

文：李丹阳 詹志山（实习）

26. 跳操扭伤后，教练上前施救，结果……

案件速览

　　随着"健身热"的掀起，很多年轻人选择到健身房锻炼身体，既能放松身心又能健身塑形。然而，健身不当也有风险，健身意外的发生让健身者和健身房都"苦不堪言"。

　　2022年1月27日，上海一中院公开宣判了一起涉健身房的生命权、身体权、健康权纠纷上诉案。健身者意外扭伤和健身房之间的责任比例如何划分？扭伤后，教练的"帮助"行为是否存有过错？让我们来一看究竟。

案情简介

　　一日，小溪来到小区楼下的健身房锻炼身体。怎料，在跟着健身教练和大家一起做有氧操时，膝关节突然扭伤。当天，小溪来到医院就诊，并于次日出院。第二天小溪又来到另一家医院医治，直至17天后出院。

　　小溪认为，自己扭伤后健身房教练自行对其进行的复位动作导致了髌骨骨折。小溪与健身房就此次受伤的医药费、赔偿款协商未果，便来到法院起诉，要求健身房及健身房所在总公司赔偿自己的医疗费、误工费、护理费、营养费等共计8.5万余元。

法院审理

一审：教练虽未正确救助，但救助品行应予肯定

　　一审法院审理中，委托鉴定中心对小溪的伤残评定、因果关系等进行了司法鉴定。鉴定意见显示：小溪右髌骨脱位，未造成残疾；小溪右髌骨脱位后，教练未能正确复位已脱位的髌骨，并活动其右膝关节，此行为可加重小溪右膝的软组织损伤和关节腔积液。同时，鉴定机构明确：小溪的髌骨关节发育不良，其右髌骨向外脱位系在髌骨关节发育不良的基础上，右膝

半屈曲位时旋转导致。

一审法院审理后认为，虽然健身教练对小溪已脱位的髌骨没有进行正确复位，且其活动关节的行为还可加重其伤情，但对于此类救助的良好品行不应摒弃，且小溪自身的生理缺陷是其致伤的主要原因。一审法院判定，健身房及其所在总公司对小溪的损害后果承担20％的民事赔偿责任。除误工费不予认可外，一审法院综合认定医疗费、护理费、营养费、鉴定费等共计2.9万余元。一审法院判决健身房及其所在总公司赔偿小溪5800余元。

小溪不服，向上海一中院提出上诉。

二审：教练不具专业资质且不当处理存主观过错

二审中，小溪要求改判支持自己的一审全部诉请。

小溪认为，健身房未对自己的身体及其参与的项目进行任何检查和风险评估、指导；且健身教练在未取得任何资质的前提下，擅自进行的复位动作不属于救死扶伤的行为；并对医药费、误工费的认定金额提出了异议。

健身房及其所在公司不同意小溪的上诉请求，认为自身20％的责任及赔偿费用的认定都已达上限，系为息事宁人而未上诉，希望法院驳回小溪的上诉请求。

上海一中院经审理后，重点从以下方面进行了阐述。

关于侵权责任的认定。首先，本案中，小溪是在健身房做团体有氧操时发生的扭伤，而非一对一的私教服务。小溪作为健身者，应当预见这项活动本身具有的一定风险，应当知悉且有能力判断自己当下的身体状况是否适合进行运动以及运动的速度、力度、幅度，以避免发生运动损伤。而小溪对自身并没有尽到谨慎注意义务。小溪未能举证证明健身教练在领操时曾做出极端的动作、过度负重的动作、过度重复的持续动作和持续受压的动作。通过《司法鉴定意见书》中说明的内容，可见小溪的特殊体质是其右髌骨脱位的基础性原因。因此，仅就右髌骨脱位而言，小溪对脱位的发生存在过错，应承担全部责任。其次，本案中的健身教练并非运动保健医生，且在没有相关资质的情况下进行了不当处理，造成了对小溪的二次伤害，使其损伤加重，在主观上存在过错。据此判定健身房承担20%赔偿责任并无不当，责任比例应予维持。

关于赔偿项目及金额的认定。小溪并未提供证据证明其固定收入确有减少，因此对其主张的误工费，维持一审判决，不予支持。而对小溪的医药费、护理费、营养费、交通费、鉴定费等依据收款凭证等相关证据，改判认定总金额为3.2万余元。

依据对双方的责任认定，上海一中院判决健身房按照20%的责任比例，赔偿小溪共计6500余元；健身房所在总公司对健身房债务不能清偿的部分，承担清偿责任。

本案主审法官韩朝炜表示，近年来，随着生活水平的提升和健康理念的转变，人们对健身塑形越来越重视，但与此同时，产生的健康权纠纷也有所增加。

本案中，小溪在发生扭伤时，无性命之忧，无急救之需。健身教练在没有相应资质或专业技能的情况下，完全有时间和能力通过寻求专业救护的方式使小溪得到及时有效治疗，但教练擅自施救，未能帮助小溪正确复位，并活动其右膝关节，加重了小溪的伤情。

健身者是自身健康的第一责任人，在进行运动健身活动时，应当对自身的身体状况及健身活动存在的风险情况进行充分评估；而健身房或健身机构应当不断完善自身的管理、加强教练准入制度及应急救护保障机制，减少纠纷的发生，切实保障健身者和经营者的合法权益。

文：姚卫华

27. 患者住院期间自杀身亡，医院该不该赔？

案件速览

患者在医院住院部坠楼，自杀身亡，医院是否需要承担责任？

上海一中院对这起公共场所管理人责任纠纷上诉案作出判决，二审认定医院已尽到合理的安全保障义务，从而改判驳回家属要求医院赔偿的诉讼请求，并准予医院自愿补偿家属3万元。

午夜，病人坠楼身亡

2020年7月2日午夜，住院部12楼骨科病区病房内，医护人员焦急地拍醒正在熟睡的陪护家属小军。

"快醒醒，快醒醒，你爱人不见了。"小军的爱人阿芳是一位抑郁症患者，前两天因割腕自杀被送至这家医院抢救，当天下午刚脱离生命危险，从ICU病房转入普通病房。"你知道她去哪了吗？我们巡房发现她不见了，找了几个地方都没看见。"医护人员问，小军摇头。"快起来一起找找！"

住院部保安、几位医护人员和小军分头在每个楼层仔细搜寻。窗外大雨滂沱，给寻人工作添了不少难度。时间一分一秒过去，阿芳还是没有踪影，于是小军报了警。最终，警方在住院大楼前的绿化带里发现了已经身亡的阿芳。

经警方确认，阿芳的死亡原因为高坠，根据坠楼地点推测，事发地为12楼病区东侧安全通道内的玻璃窗处。

小军等家属认为，是医院疏于管理才使阿芳不幸身亡，遂诉至法院，请求判令医院赔偿因阿芳的死亡产生的各项损失，合计237万余元。

一审：医院和病人均有过错，双方均应承担责任

一审法院认为，宾馆、商场、银行等公共场所的管理人或者群众性活动的组织者，未尽到安全保障义务，造成他人损害的，应当承担侵权责任。被侵权人对损害的发生也有过错的，可以减轻侵权人的责任。

本案中，阿芳因割腕受伤来医院治疗，对于这种情况比较特殊的病人，医院作为医疗机构，应当尽到更加审慎的注意义务，在护理和看护上比普通病人要更加严谨细致。医院在将阿芳转入普通病房后，在护理和看护上未做到特殊对待，在其走出病房到坠楼身亡的这段时间内，也未及时发现异常情况，对于阿芳的死亡具有一定的过错。

但考虑到阿芳坠楼系其主观上追求的结果，其自身具有绝大部分的过错，故对于家属方的损失，一审法院酌情判定由医院承担15%的赔偿责任，即35.6万余元。

医院不服，上诉至上海一中院。

二审：法官赴现场勘查，厘清事实

二审期间，合议庭法官等一行到医院进行现场勘查，双方均到场。

调查发现，阿芳所在的骨科病区设有一个护士台，每晚由两名护士值班。病区内安装了三处监控摄像头，监控范围覆盖了病区的走廊区域，但事发地即东侧安全通道内未安装监控摄像头。

事发地墙面有两扇玻璃窗，每扇窗户上均安装了限位器，窗户的最大开启行程约17cm，窗沿距离地面的高度约1.03m。窗沿内侧安装了不锈钢护栏，护栏距离地面的高度约1.1m。

上海一中院另查明，阿芳自ICU病房转至普通病房后，医院对其实施了一级护理，医护人员每小时巡房。此外，医嘱家属需24小时陪护。

医院保卫科负责人称，安保系统的楼层监控显示，7月2日晚10时许，阿芳走出病房在走廊区域徘徊，进入西侧安全通道5分钟后，走进病区，折返病房。11时许，阿芳再次走出病房，进入东侧安全通道即事发地点，后未见回来。

当晚，派出所对小军及阿芳的姐姐做了询问笔录，二人均称"前天她（阿芳）割腕自杀，被送到医院抢救回来了。这次又跳楼自杀了"。同时，因阿芳的家属在派出所认可其因自杀而坠楼，故医院后续未保存事发当晚的监控视频。

改判：医院已尽合理安保义务，无须担责

二审审理中，医院表示自愿补偿家属方3万元。

上海一中院认为，本案的争议焦点在于：医院是否尽到了合理的安全保障义务；阿芳的坠楼死亡与医院的看护行为之间是否存在因果关系。

对于第一个争议焦点，从职能范围上看，本案中的医院系一家综合性医院，阿芳割腕受伤被送至医院时，医院仅可能对其进行生命救助，而无法进行精神治疗。在硬件上，医院并不具备精神卫生专科医院的隔离措施，无法苛求其按照专科医院的标准进行防护。从配套设施上看，事发地的两扇窗户均安装了限位器以及距离地面高度约1.1m的护栏，该设施符合医疗场所安全要求的行业标准，不存在安全隐患。从护理措施上看，医护人员每小时巡房符合护理分级制度，且院方已医嘱家属24小时陪护，应认定医院方面已司其职。但因特殊住院病人需要院方和家属共同配合实施监管看护，家属也应尽其责，而阿芳的丈夫小军在夜间陪护时睡着，故家属在履职过程中的疏忽不应归责于医院。另外，病人在病区自由活动乃正常现象，苛求医护人员从阿芳在走廊徘徊这一常态行为预判意外结果系强人所难。

综上，上海一中院认定医院的护理并无过失，已尽到合理的安全保障义务。

对于第二个争议焦点，上海一中院认为，应考察阿芳的主观动机，以及看护行为与死亡结果之间的原因力大小。首先，根据小军及阿芳的姐姐在派出所的陈述，阿芳此次坠楼系自杀；而根据上海一中院法官的实地考察，事发地窗户限位器开启的最大行程仅约17cm，按照物理规律，常人无法从如此狭窄的窗户缝隙中意外滑落。可见阿芳自主追求死亡的意图明显，主观上具有自杀的故意。其次，阿芳作为具有完全行为能力的成年人，其自杀行为系导致死亡的根本原因，同时，其家属具有监管过失，而医院并无疏于查房之情形，不存在监管不力之过失，故医院对阿芳的死亡结果不具有原因力之影响。

据此，上海一中院改判驳回阿芳家属方一审的全部诉讼请求。医院自愿补偿家属方3万元，系其对自身权利的处分，上海一中院予以准许。

法官说法

安全保障义务是法院在审理公共场所因伤赔偿案件时的裁判依据之一。然而需要注意的是，"安全保障义务"应暗含一个定语即"合理限度内"，因为对于不同的公共场所而言，安保义务的边界是不一样的，需要考察该场所的职能定位与安保义务是否匹配。

如医院对患者的安保义务分为一般注意义务和特殊注意义

务，前者主要是对患者的日常安全进行合理注意，而后者则要求对患者因疾病和治疗所引起生命健康上的危险，具有预见和防范的义务。但同样是医院，也因类型不同而对其安保义务的要求有梯度之别。

对于普通医院而言，其职能在于监测病人的生命体征，那么合理的安保义务应是预判、确保病人不发生日常危险或因疾病而引发的危险，而非限制其自由活动或对极端事件进行预判；对于精神专科医院而言，其职能更偏向关注患者的精神状态，那么合理的注意义务则增加了对患者行动上的必要限制和对极端事件的预判。因此，对不同类型公共场所的安保义务界定不应"一刀切"。

另外需要注意的是，公共场所安保义务的边界也不宜无度扩张。在行为人主观追求死亡的情形下，无论其身处何种场所，均极有可能发生伤亡后果，此时更应理性审视各方的过错程度，并以此为基础，分配责任比例，而不应将"何地发生伤亡，何地就应赔偿"作为一种约定俗成的赔偿规则，否则将不合理地加重公共场所的安保义务，扩大其责任边界，一方面不利于客观事实的还原和过错责任的分担，另一方面也增加了医疗机构的成本，而最终该成本或将传导至广大患者一端，不仅有损社会公共利益，且易形成不良的社会风气引导。

文：李丹阳

28. 被**电线**绊倒**受伤**，

谁来**赔**?

案件速览

　　乘坐摩托车时被小区的施工电线绊倒摔伤，该找谁说理？事故的责任又应如何分担呢？上海一中院审理了一起因被电线绊倒引发的身体权纠纷上诉案，法院判决酌定由市政公司承担50%的赔偿责任，物业公司承担20%的赔偿责任。

案情简介

一根电线引发的伤害，谁来负责？

　　某天中午，张建驾驶摩托车搭载朋友王姐行驶在小区里，还未骑出多远，听到"砰"的一声，摩托车失控倒地，两人重重地摔在地上。王姐这才注意到，路面上竟然放置着一根长长的电线，摩托车正是碾压到电线才失控的。

腿部剧烈的疼痛感让王姐无法起身，在小区居民的帮助下，王姐被送往医院就医并住院。出院后的一年多时间里，王姐继续接受治疗，共支出医疗费6万余元。经司法鉴定，王姐左膝关节功能障碍的后遗症被评定为人体损伤十级残疾。

为何小区道路地面无故多了这根长长的电线？由这根电线引发的伤害，究竟该向谁讨个说法呢？

经了解，因小区需进行雨污水分流专项工程改造，小区所在的街道办事处发布招标信息后，一家市政公司中标并作为承包人开始在小区内施工。这根电线正是市政公司在施工过程中为了照明而拉出的。于是，王姐分别找了市政公司、小区物业公司、街

道办事处三家单位交涉赔偿问题，均未果。无奈之下，王姐将这三家单位告上了法庭，要求三家单位共同赔偿其医疗费、护理费、误工费、残疾补偿金等在内的损失共计38万余元。

法院审理

一审：市政公司承担50%责任，物业公司承担20%责任

一审审理中，市政公司和物业公司均认为，其在小区内张贴了施工的告示和标志，已经尽到了安全保障义务，无须担责。街道办事处则称，该项工程系严格按照招投标程序进行的，其与市政公司签订合同并已经履行了日常管理等义务，自己也无责。

此外，市政公司还提出，通过小区监控视频可以看出，摩托车驾驶员张建在驾驶过程中有单手持把、东张西望等危险动作，此次事故的过错应归于摩托车驾驶员张建。

一审法院审理后认为，市政公司对其放置在路面上的电线，既未设立明显标志，亦未妥善固定在路面上，该活动的电线与路面存在部分落差，存在妨碍通行并导致通行人员绊倒摔伤的客观风险。市政公司在小区门口设置施工铭牌、张贴告示的行为，并不能免除其在小区内设置临时设施时仍应设立明显标志或者采取相应安全措施的义务，其应对王姐的损害后果承担赔偿责任。

物业公司未及时采取有效措施或者未及时督促相关责任人采取有效措施消除安全隐患，其未尽到相应安全保障义务，理应承担赔偿责任。

街道办事处通过招投标方式将工程发包给具有工程资质的

单位，无明显过错，王姐主张街道办事处承担赔偿责任，法院不予支持。

本次事故中，案外人张建驾驶摩托车行驶过程中未注意靠右行驶，驾驶行为不当，未能尽到合理注意义务，对于王姐受伤亦存在一定过错。

最终，一审法院综合事故原因、过错及损害后果，酌定由市政公司承担50%的赔偿责任，物业公司承担20%的赔偿责任。

二审：驾驶员存在过错，两单位责任分担合理

王姐不服一审判决，认为过错不在驾驶员张建，应由三家单位承担全部赔偿责任，遂向上海一中院提出了上诉。

关于案外人张建的责任，上海一中院经审理后认为，从小区监控视频来看，张建与王姐共同骑乘摩托车的出发地点和事发地点在同一条道路上，且两地相距很近，整个行驶过程仅为8秒钟左右。张建驾驶摩托车出发后，便右手单手扶把，左手指向摩托车的左前方。同时，从张建的动作判断，其与后座上的王姐此时应有语言交流。之后，在摩托车还未行驶至其右前方靠边停放的小轿车旁时，张建将刚才脱把的左手放归原位。当张建驾驶摩托车即将行驶至该小轿车旁边时，张建向左避让，因其未注意到涉案电线，所驾驶的摩托车车轮碾压到电线致使车翻人伤。该避让动作比通常避让动作要大，与张建先前单手扶把及驾车刚起步时注意力不够集中有关。同时，因张

建曾将左手指向摩托车的左前方，所以避让幅度较大也与其此行的去向有关。因此，张建作为具有完全民事行为能力的成年人，在驾驶摩托车时未能仔细观察道路情况，对自身安全未尽到高度注意义务，张建存在一定过错。

关于街道办事处的责任。从现有证据来看，街道办事处在本次事故中不存在明显过错，因此不需要向王姐承担赔偿责任。

最终，上海一中院驳回王姐的上诉请求，维持原判。

本案主审法官韩朝炜指出，在公共道路上堆放、倾倒、遗撒妨碍通行的物品造成他人损害的，行为人理应承担侵权责任。公共道路管理人不能证明已经尽到清理、防护、警示等义务的，应当承担相应的责任。在小区内进行施工时，相关责任主体应当对小区道路上可能出现的妨碍通行的物品及时进行清理，或做好相应的防护和警示，消除安全隐患。

同时法官提醒，在驾驶摩托车、电动自行车等过程中，切勿有不佩戴头盔、"单手盲骑"等危险驾驶行为，谨防酿成悲剧。

文：汪菲

29. 她烫伤了闯进家门的 "入侵者"，要赔偿吗？

案件速览

被突然闯入家门的"入侵者"殴打，情急之下，她抓起手边的洒水壶进行泼洒，没想到里边竟是具有腐蚀性的脱漆剂，导致一位"入侵者"四肢、躯干被烫伤。虽然检察机关认定她属于正当防卫，不予追究刑事责任，可是被她烫伤的"入侵者"将她告上法庭，要她赔偿经济损失。那么，在民事领域，这究竟是正当防卫还是防卫过当？她是否需要承担民事赔偿责任呢？

上海一中院依法审结了这起健康权纠纷上诉案，二审认定她的行为构成正当防卫，且并未超过必要限度，改判她无须承担民事赔偿责任。

案情简介

突然闯入的"入侵者"

"怎么动手打人，救命啊！"王月一家用力地嘶吼着。

一个酷暑难耐的夏夜，王月和老公张诚正在家吃饭，此时传来了一阵急促的敲门声，老两口便让儿子去开门，却听到儿子大喊一声，当二人回过神时，一群人已然冲进家门，来到他们面前……

王月　"原来是你！想干吗！"

"舅妈你让开，今天我舅必须给我妈道歉！"　**外甥**

话音刚落，王月就被一拳打倒在地，抬起头时，老公张诚也被外甥打倒在地，紧接着，眼见儿子和老母亲也被闯入者按在墙角，王月心急如焚地站起来冲去拉架，却被人打中后脑勺，两眼一抹黑，再次倒地。

"老头，你竟敢威胁我妈，立马去道歉！"　**外甥**

外甥揪着张诚的衣领吼道。

"不道歉是吧，今天教你们做人，继续打！"　**外甥**

片刻间，王月和张诚双双被打断鼻骨，满脸淌血。

王月　"你们不要打了……"

看到老公张诚和儿子的苦状，王月嘶吼着哭了起来，再次站起来去拉架，却被陈俊等人围住。

"啊！这是什么？脸好烫！！"　陈俊

正在围困王月等人的陈俊突然被莫名液体泼洒，皮肤瞬间火辣辣地烫起来。原来，王月在被围困的过程中，情急之下抓起身旁的洒水壶向面前的人泼去，未承想里边是具有腐蚀性的脱漆剂，而站在王月对面的陈俊正好中招。看到这极具杀伤力的"武器"，前来闹事的人反倒被吓到报了警。

经鉴定，被王月泼洒脱漆剂的陈俊躯干、四肢灼伤，构成轻伤。王月因涉嫌故意伤害罪被刑事拘留，检察院经过调查，认为王月的行为系正当防卫，不应追究刑事责任。看着自己受到的伤害，陈俊心有愤懑，故向法院提起诉讼，要求王月赔偿自己的经济损失。

法院审理

一审：民法上构成防卫过当

《侵权责任法》（已失效）与《刑法》关于防卫过当的认定标准是不一致的，构成刑法上的防卫过当的要求明显高于民法上的要求，故一审法院对王月有关既然刑事案件未认定防卫过当，则民事案件亦不应认定防卫过当的意见不予采纳。综观案件具体情况，一审法院认定王月防卫过当，应对陈俊的受伤承担35%的责任。

王月不服，上诉至上海一中院。

二审：防卫行为未超限度，无须赔偿

关于王月是否构成正当防卫：

首先，根据在案相关人员的公安询问笔录，包括陈俊在内的多人相约到王月家帮助其外甥"撑场面、讨说法"，从陈俊等人的行为来看，系明知其行为可能会给他人权益造成侵害而有意为之，具有共同侵权的意思联络。

其次，陈俊等人到王月家后，即实施殴打、控制王月一家老小的侵权行为，造成王月及其丈夫张诚受伤，在王月反击之前，陈俊等人的侵害行为处于持续状态。

最后，面对进入其家中并实施上述侵害行为的外来人员，王月在家人和自己被打伤及受控制的情形下随手抓取身边的洒水壶进行泼洒的行为系对正在进行中的不法侵害行为进行的防卫，并非以防卫为借口实施报复或防卫挑拨行为，其行为针对的是陈俊等上门实施侵害行为的特定一方，防卫对象明确，意图为阻却不法侵害行为，系依法行使防卫权利，属正当之举。

关于王月的防卫是否超出必要限度：

首先，陈俊等人到王月家后，即实施殴打和控制行为，王月面临的侵害行为具有突然性、暴力性和现实紧迫性，以较缓和的手段难以制止该侵害行为。结合双方的力量对比及防卫一方的急迫情景、紧张心理及对洒水壶内液体认识的限制等情况，王月的防卫行为适当，且其在陈俊等人逃离后停止防卫，实施行为在手段和强度上均未超出必要的限度。

其次，陈俊等人的不法行为既包括非法侵入他人住宅，还造成了王月及其丈夫被打伤等后果。王月的防卫行为导致陈俊身体受伤，对应的亦是人身权，故从双方利益的衡量来看，二者的权益属同一法律位阶，王月并非以反击重大利益来维护较小利益，本案防卫行为导致受损的利益与侵害行为损害的利益相当，故王月的防卫行为未超出必要限度。一审认定王月属于防卫过当，系未全面认定案件事实，所作判决适用法律有误，依法应予纠正。

综上，上海一中院撤销一审判决，改判驳回陈俊一审的全部诉讼请求。

法官说法

本案审判长唐春雷指出，正当防卫是法律赋予公民的权利，是与不法行为进行斗争的重要法律武器。不法侵害既包括侵犯生命、健康权利的行为，也包括侵犯人身自由、公私财产等权利的行为；既包括犯罪行为，也包括违法行为。

《民法典》第181条规定，因正当防卫造成损害的，不承担民事责任。正当防卫超过必要的限度，造成不应有的损害的，正当防卫人应当承担适当的民事责任。正当防卫，是行为人为保护社会公共利益、自身或者他人的合法权益免受正在进行的紧迫侵害，而针对非法侵害采取的必要防卫措施。据此，判断行为性质的法律条件应满足必须有正在进行的侵害事实、不法侵害须正在进行且具有现实紧迫性、须以合法防卫为目的、防卫须针对加害人、防卫不能超过必要的限度。必要限度即该防卫行为达到足以有效制止侵害行为的强度。

文：王长鹏

30. 在水上乐园**游玩**受伤，谁来**担责**?

案件速览

　　近年来，刺激好玩的水上乐园冲浪项目深受消费者喜爱。一名消费者在游玩该项目时被人造浪掀翻导致骨折，其损失该由谁来赔偿？消费者需要"自甘风险"吗？

　　上海一中院审结了一起经营场所管理者责任纠纷上诉案，二审认定，经营场所在水域中设置救生员座椅却未采取有效的安全保障措施具有过错，且系该起事故的成因，改判经营场所对消费者的损害后果承担全部赔偿责任。

案情简介

人造浪打翻皮筏，消费者撞上救生椅致骨折

　　2021年8月4日，正值酷暑，天气炎热，大刘带着孩子们到乐投公司经营的水上乐园游玩降温。

　　下午3点半左右，大刘一家来到水上冲浪项目处玩耍。坐上水上乐园出租的皮筏后，大刘和孩子们在水浪荡漾中划至水域中部。不一会儿，人造浪开始了，浪潮一波接着一波，大家玩得不亦乐乎，尖叫声欢笑声此起彼伏。没想到，当又一个大浪打来时，意外发生了，大刘的皮筏被浪掀翻，大刘跌落皮筏，正好撞上了乐园设置在水域中的救生员座椅。大刘顿时感到胸肋处一阵疼痛。在家人的陪同下，大刘来到水上乐园医务室，工作人员简单处理后告知大刘，因伤情比较严重，其需要到医院进一步治疗。随后大刘便至医院急诊治疗，经诊断为右侧第10、11后肋骨骨折，需予以胸部固定板固定治疗。之后大刘又多次到门诊复诊。

　　大刘一家与乐投公司就赔偿事宜沟通数次未果，遂诉至法院，要求乐投公司赔偿医疗费、误工费、护理费、精神损害赔偿金等共计8.3万余元。

2022年1月20日，因大刘申请，一审法院委托司法鉴定中心对大刘的伤残等级及治疗休息、护理期限等进行了鉴定。鉴定意见显示，大刘因故致伤，造成右侧第10、11后肋骨骨折，未构成残疾。

一审：消费者、水上乐园均有过错，各担50%责任

一审法院经审理认为，大刘系在参加水上冲浪项目时受伤。水上冲浪项目会产生水波冲击，消费者游玩时具有一定风险，大刘对此应当明知，故应对自身安全有更全面的预估。本案事故的发生系在游玩过程中大刘未能紧抓皮筏扶手所致，故大刘应当承担一定责任。乐投公司在该项目水域中设置救生员座椅是必需的措施，但同时乐投公司作为水上乐园的经营者，应当更进一步考虑其安全保障措施的合理性。因此，综合本案情况，酌情确定乐投公司对大刘因此次事故造成的损害承担50%的赔偿责任。

根据大刘的工作性质、提供的票据以及司法鉴定意见等证据，一审法院酌定大刘的损失为2.95万余元。因大刘未构成伤残，故对其精神损害赔偿金之主张不予支持。一审法院遂判决乐投公司承担50%的费用，共计1.47万余元。

大刘对一审判决并不满意，他认为，是乐投公司未在救生员座椅周围采取防护措施才导致他受伤，乐投公司未尽到安全保障义务，应当承担全部赔偿责任。大刘遂上诉至上海一中院。

乐投公司则认为，在该水域中设置救生员座椅符合相关体育局文件规定，且具有必要性。公司已对该座椅采取包裹软包装的防撞措施，积极行使了安全保障义务；而大刘可选择浅滩区游玩，避免水浪冲击危险，且其未抓紧皮筏扶手也具有一定过错，一审判决合法合理。

二审：消费者无过错，改判水上乐园承担全部责任

上海一中院经审理后认为，本案争议焦点为乐投公司是否尽到安全保障义务，大刘对本起事故是否具有过错责任。

首先，乐投公司是否违反安全保障义务。乐投公司作为该活动项目的经营者、管理者，为防范溺水等安全隐患，在该水域中设置救生员座椅具有必要性，但应当考量活动项目性质，且也有能力预见消费者与该座椅发生撞击进而导致受伤的风险，却未对该设施设置有效的防冲撞、阻隔缓冲等合理措施，故乐投公司对该设施存在安全保障上的疏忽，未尽到安全保障义务。

其次，乐投公司是否应当承担侵权责任。大刘系水上冲浪活动项目的消费者，因游玩该项目遭受损害，而损害发生与乐投公司对水域中的救生员座椅未采取安全保障措施具有直接的因果关系，故乐投公司应当承担未尽到安全保障义务的侵权责任。

最后，大刘对损害结果是否存有过错。其一，大刘是否具有"自甘风险"的过错责任。大刘作为消费者对其参与冲浪活动项目中会发生自身与座椅撞击的损害并不具有可预见性，且该撞击不属于活动项目固有的风险，乐投公司也未能举证证明其已尽到风险告知或提示、防范义务；乐投公司认为大刘可选择浅滩区以避免水浪的冲击，实则是要求消费者放弃参与活动的权利，与活动项目设置目的相悖，也难以依此推定消费者参与活动具有过错。其二，大刘掉入水中与损害后果是否具有因果关系。从本起事故发生的原因来看，"因"为人造浪的作用力及对水域中的救生员座椅未采取有效的防冲撞安全保障措施，"果"为大刘在水浪的冲击下与该座椅发生撞击损害。水上乐园游客须知中也无游客掉入水中可以免责的相关规定，恰恰相反，游客从皮筏掉入水中本身是戏水常见现象，通常并不发生损害后果。

故大刘掉入水中与发生本起事故无必然因果关系。

综上，乐投公司应对大刘的损害后果承担全部赔偿责任。上海一中院遂作出如上改判。

法官说法

根据《民法典》第1198条第1款规定，宾馆、商场、银行、车站、机场、体育场馆、娱乐场所等经营场所、公共场所的经营者、管理者或者群众性活动的组织者，在其经营管理等活动场所内未尽到安全保障义务，造成他人损害，且未尽到安全保障义务与他人损害之间具备因果关系的，应当对受害人承担侵权责任。受害人对损害结果存在过错行为的，也应当承担相应的责任。适用上述规定，应当严格区分经营者、管理者对经营场所、公共场所一般安保义务与保护参与活动项目消费者人身安全保障责任的认定标准，谨慎适用"自甘风险"评价。

经营者、管理者的安全保障义务不应仅限于场所内设施的使用与运行保障，还应对设施设置和运行过程中可能存在的危险采取必要的防范措施以防止危害的发生，包括指示、警告等，在发生损害后，应及时采取救治等措施防止损害继续扩大。而消费者在进入公共场所或参与群众活动时，也应注意相关安全提示，不做危险举动，保障自身安全。

文：李丹阳

31. 女童在**托管机构**被戳伤**眼睛**，**责任**由谁来负？

正值暑假，不少家长会选择把孩子送入托管机构看护，但同时，孩子在托管过程中遇到的各种状况也使得双方容易发生纠纷。

上海一名四岁女童小雨，在托管机构不幸被铅笔戳伤眼睛，造成伤残。

案情简介

谁是这起事故的责任人？女童能否顺利拿到赔偿金呢？

上海一中院审理了该案，最终在二审法官的努力下，双方达成调解协议，由托管机构及其法定代表人马强共同赔偿小雨各项损失合计29万元，并且在约定期限内赔偿完毕，后续治疗费用由双方另行协商解决。

四岁女童被铅笔戳伤眼睛是谁的责任？

小雨是一个可爱的四岁女孩，跟随在上海务工的父母生活。转眼小雨到了入园年龄，小雨妈妈通过朋友介绍，让小雨就近入读了一所学前儿童看护点。

2021年11月的一天，小雨妈妈突然接到托管机构老师的微信通知："小雨妈妈您好，刚才小雨被班里的同学青青不小心拿铅笔戳伤了眼睛，您现在过来一下可以吗？"

接到通知后，小雨妈妈立即赶到托管机构带小雨去医院就医，一系列治疗下来，不仅花费了高额的医疗费，而且经医学鉴定，小雨左眼伤口一处构成九级伤残、两处构成十级伤残，后续还需择期进行人工晶体植入手术。

小雨一家遭受了晴天霹雳，尤其是小雨妈妈，她心痛难忍："小雨才4岁，她以后该怎么办？"小雨一家遂将青青及其法定监护人、托管机构及其法定代表人马强一并告上了法庭，请求判令其共同赔偿小雨医疗费、残疾赔偿金及后续治疗可能发生的费用等损失共计74万余元。

法院审理

托管机构看护不力，一审判决机构负全责

青青及其监护人认为，事发时周围都是四五岁的孩子，他们根本无法回忆起当时的场景。当时老师不在场，并没有人看到是青青戳伤了小雨的眼睛，青青也说其并未戳伤小雨，事发地点没有监控，无法说明当时的实际情况，他们对此不负赔偿责任。

托管机构及其法定代表人马强认为，小雨被戳伤眼睛事发突然，学校在事中、事后都已经尽到了教育、管理职责，应该由青青及其法定监护人承担赔偿责任。

一审法院认为，根据小雨提供的证据，且由于该托管机构并未安装监控，尚无法认定青青系本案的直接侵权人；托管机构系有限责任公司，马强系法定代表人，故本案的责任主体应是托管机构，对小雨要求马强承担侵权赔偿责任的诉讼请求不予支持。

该托管机构系小雨所在看护点的经营者、管理者，对其看护对象负有安全保障义务，其明知看护的对象是无民事行为能力的幼龄儿童，本应尽最大可能采取积极有效的措施，防范危险、制止危险行为，但其并未在小雨与其他幼儿有危险举动时及时制止，且并未设置监控，之前发生过幼儿受伤事件也并未引起该机构的重视。

故一审法院认定，该托管机构未尽到安全保障义务与小雨受伤之间存在因果关系，理应承担侵权责任。本案中实施侵权行为的第三人无法查明，托管机构亦无证据证明青青系直接侵权人，根据托管机构安全保障能力和过错程度范围，依法应由托管机构承担全部侵权赔偿责任，遂判决托管机构于判决生效后十日内赔偿小雨39万余元。

一审结束后，小雨一方及托管机构均不服判决，上诉至上海一中院。

二审法官耐心释法促成双方调解

小雨一方认为，马强是托管机构的法定代表人，理应与托管机构共同承担赔偿责任；托管机构一方则上诉请求将赔偿金额下调及延长赔偿期限至五年内付清。

二审法院合议庭细致了解该案案情，通过证据分析，结合庭审情况发现，小雨一方上诉要求托管机构及其法定代表人马强承担连带责任的主要原因，是希望马强与托管机构能共同承担赔偿责任，以保障胜诉利益的及时兑现及落实后续手术治疗费用。

而通过与托管机构和马强谈话，法官发现目前托管机构内仍有两个班级的孩子在学习，托管机构一方已经为长期经营进行了大量的投资。托管机构一方担心短时间内的高额赔偿会导致其负担过重而无法维持经营。

合议庭考虑到：一方面，小雨年仅四岁，左眼已构成伤残，视力严重受影响；小雨父母是周边企业的普通职员，收入水平不高，且对胜诉后的权益实现忧心忡忡，父母又爱女心切，情绪激动，一旦处理不好，容易引发矛盾。另一方面，该托管机构的存在，一定程度上满足了周边企业和产业园区中来沪务工人员子女的入托入园需求，有其存在的必要性。因此，合议庭评议后认为，本案本着儿童利益最大化的原则，若能促成双方调解，既能使小雨的损失得到切实的弥补，尽早恢复正常的生活，又能使得该类托管机构不至于负担过重无法经营。最终，在二审法院的主持下，双方当事人自愿达成调解协议：托管机构及其法定代表人马强共同赔偿小雨一方医疗费、残疾赔偿金等合计29万余元，于2023年12月31日前分期付清。双方也同意对小雨后续治疗可能产生的医疗费用再行协商解决。

法官说法

本案主审法官蒋庆琨提示，根据《民法典》第1199条，无民事行为能力人在幼儿园、学校或者其他教育机构学习、生活期间受到人身损害的，幼儿园、学校或者其他教育机构应当承担侵权责任；但是，能够证明尽到教育、管理职责的，不承担侵权责任。无民事行为能力人于上述场所学习、生活期间遭受人身损失的，法律推定教育机构存在过错，并承担赔偿责任。

同时，无民事行为能力人应变能力差、欠缺风险预判能力，全社会需要对其进行特别的呵护。现实生活中，招收无民事行为能力人的各种托管机构、培训班等，承担了照看、教育未成年人的责任，满足了社会需求。但是这些机构必须强化教育、管理职责，为未成年人提供充足的安全保障，才能防止类似本案事故的发生，为未成年人创造一个安全、健康、欢乐的成长环境。未成年人的家长在选择此类托管机构时也要做好相关资质的审查和日常安全教育的监督等，共同护航未成年人健康成长。

文：王梦茜　路静静（实习）

32. 七旬老人学国标舞，

未承想……

案件速览

　　刘女士在付费学习国标舞的过程中与一名学员身体发生触碰，摔倒受伤。为此，她将舞蹈老师和碰到她的学员告上法庭，要求赔偿损失28万余元。

　　上海一中院审结了这起健康权纠纷上诉案，二审认定刘女士系自愿参加舞蹈培训，他人无重大过失行为，符合《民法典》自甘风险规则，且组织者已尽到安全保障义务，舞蹈老师和碰到她的学员也自愿支付其5万余元，故驳回刘女士的上诉请求，维持一审法院关于学员及舞蹈老师无须承担侵权责任的判决。

七旬女士学国标摔伤骨盆

刘女士年过七旬，喜欢跳舞的她为了提升舞蹈技巧，付费参加了华尔兹舞蹈培训。

2021年8月16日，刘女士按上课时间准时到达授课地点欣欣舞厅。在舞蹈老师老吴的带领下，学员们排好队列练习舞步，跟随节拍指令旋转。上午11点49分左右，意外发生，在一次旋转中，刘女士与另一位学员许先生发生身体触碰，刘女士趔趄倒地。

老吴和许先生及其他学员见状，连忙上前将刘女士扶起。刘女士站起来后，走到一旁坐着休息。刘女士说臀部附近有点痛，老吴便问她是否先去医院检查一下，刘女士摆手表示要先回家拿病历卡并通知儿子，让儿子陪她去医院。老吴便开车把刘女士送回了家。

下午3点半左右，家人把刘女士送至医院就诊。4点零2分，刘女士检查完毕，被诊断为左侧股骨颈完全性骨折，需住院手术治疗。4天后，刘女士出院，前后共支出医疗费等8.79万余元。其中，老吴垫付医疗费2.5万元，许先生垫付医疗费3万余元。

一审：自愿参加且他人无重大过失，伤者自甘风险

刘女士认为，其受伤责任都在老吴和许先生，他们应承担全部医疗费，并赔偿损失。老吴和许先生则认为自己没有责任。三人因此事多次沟通，均未能达成共识。后刘女士诉至法院，请求法院判决老吴和许先生赔偿医疗费、残疾赔偿金、精神损害赔偿金及律师费等共计28.2万余元。

一审法院委托的鉴定机构将刘女士的伤情评定为九级伤残。一审中，许先生、老吴均否认有过错，不同意承担赔偿责任，对已垫付的医疗费，愿意出于人道主义补偿给刘女士，不再要求返还。

一审法院认为，华尔兹属于"具有一定风险的文体活动"，当事人自愿参加此活动应视为自甘风险。许先生舞步正常，碰到刘女士为意外，不存在故意或重大过失，无须承担侵权责任。老吴作为该群体活动的组织者，已尽到了合理的注意义务。刘女士的损害虽然发生在舞厅，但与老吴的行为之间没有因果关系，老吴亦无须承担侵权责任。据此，一审法院准许许先生和老吴自愿将垫付医疗费补偿给刘女士，驳回了刘女士的全部诉讼请求。

刘女士不服，上诉至上海一中院。

二审：维持一审判决，伤者自甘风险

刘女士上诉表示，其付费参加老年人舞蹈课，本质是一种教学安排，且该舞蹈活动不具有竞争性、对抗性，不构成自甘风险行为。许先生在跳舞过程中没有与其保持安全距离并审慎观察，老吴未完全尽到安全保障义务，两人均存在过错，应承担赔偿责任。

上海一中院另查明，在案视频证据显示：刘女士在入场时，步伐缓慢，行动较迟缓；刘女士摔倒时与许先生背靠背，两人存在身体接触。

上海一中院认为，本案争议焦点在于：一、刘女士因参加跳舞受伤之责任认定应否适用《民法典》自甘风险规则；二、如应适用，则活动组织者老吴是否已尽到安全保障义务。

关于争议焦点一。首先，华尔兹又称体育舞蹈，系体育与艺术高度结合的一项体育项目，且舞蹈动作中常有前进、后退、旋转以及跳跃等幅度大、难度高的动作，对参与者的平衡力要求较高。而刘女士年逾古稀，行动较为缓慢，相对而言，其参加该项活动之风险性较高，应属于自甘风险规则所规定之"具有一定风险的文体活动"。

其次，刘女士作为完全民事行为能力人，参加具有一定风险的文体活动时，对自身的健康状况、身体条件以及活动风险应当有所预见。

最后，许先生并不存在故意或重大过失的情形。虽在案证据显示，刘女士摔倒时确与许先生发生了身体接触，但许先生的舞步并无异常，且两人接触时系背靠背，许先生并未违反必要的注意义务，应属一般过失，而非故意或重大过失。

综上，许先生不应就刘女士所受之损害承担侵权责任。

关于争议焦点二。活动组织者的安全保障义务应根据其对活动或场所管理的正常能力和合理限度进行合理认定。本案中，一则，根据在案证据及已查明事实可知，刘女士所受之损害并非老吴所致。二则，老吴在刘女士摔倒后，同其他学员一起及时将其扶起，询问是否就医，并联系刘女士的家属，送其回家，并未放任刘女士不管，难以认定老吴未尽到救助义务。三则，刘女士亦未能提供证据证明其所受之损害因老吴未尽到必要救助义务而扩大。因此，刘女士主张老吴应就其所受损害承担侵权责任，缺乏事实依据。

结合许先生和老吴自愿将垫付的医疗费5万余元补偿给刘女士的情节，上海一中院遂驳回上诉，维持原判。

法官说法

《民法典》第1176条第1款规定，自愿参加具有一定风险的文体活动，因其他参加者的行为受到损害的，受害人不得请求其他参加者承担侵权责任；但是，其他参加者对损害的发生有故意或者重大过失的除外。

自甘风险规则适用情形包括以下四个方面：受害人自愿参加具有一定风险的文体活动；受害人充分意识到该活动对其自身可能产生的风险；受害人因该活动而遭受损害；该损害发生非因其他参加者故意或重大过失之行为所致。

对于受害人所参加之文体活动应否适用自甘风险规则，应当综合考量文体活动的种类、受害人的年龄及体质等因素加以判断。法院提醒，参加具有一定风险的文体活动时，应量力而行，尤其是老年人，更应根据自身的健康状况、身体条件以及活动固有风险选择适宜的文体活动，并在活动中注意自身安全和他人安全。同时，组织具有一定风险文体活动的组织者，亦应在能力范围和合理限度内尽到安全保障义务，避免损害发生。

文：李丹阳

33. 台风吹落铁板砸伤路人，谁来赔？

案件速览

　　市民汪先生怎么也没想到，出个门竟遇上了"飞来横祸"。夏日的一天，一块铁板从天而降，恰巧砸中正准备进饭店吃午饭的汪先生。那么，该由谁来为这起事故"买单"？

　　上海一中院审结了这起由高空坠物引发的健康权纠纷案件，二审驳回了施工企业的上诉请求，维持原判，由事发楼房的物业公司和施工企业各担50%责任，分别赔偿汪先生4800余元。

飞来铁板 砸伤路人

2021年8月7日10时34分，汪先生路过一家正对着公交车站的骨头汤店铺，准备在等候公交的期间去店铺吃个午饭。未承想汪先生刚走到店铺门口，竟被三楼掉落的一块铁板砸中胸口，汪先生随即倒地受伤，手机屏幕也被砸碎。

汪先生的同事见此情景赶忙帮其报警。出警民警到场后查看了三楼掉落铁板的位置，查明这块铁板系事发楼房房顶检修口的铁片盖板，因台风吹落进而导致汪先生被砸伤，房顶尚有施工单位施工时遗留的工具材料。

事发当日，汪先生被送往医院接受检查和治疗。经诊断，汪先生系被重物砸伤，身体多处损伤，胸部外伤。在此之后，汪先生又数次至门诊治疗，累计支出医疗费1500余元。面对"横祸"，汪先生希望能够得到合理的赔偿，但与各方协商均未果。无奈之下，汪先生决定聘请律师，诉诸法院寻求帮助。

法院审理

一审：酌定物业公司和施工企业分别承担50%的赔偿责任

　　一审法院经审理查明，事发楼房为三层楼房，一楼为餐饮店铺，三楼通往屋顶有楼房正方形检修口，平时检修口有铁片盖板覆盖，铁片盖板有铁丝固定。2020年8月至2021年7月，包括事发楼房在内的8幢房屋曾进行旧房改造，并验收完毕。

　　一审法院认为，事发楼房的物业公司在台风来临时未对管理的建筑物设施进行安全检查、加固，未尽安全保障义务，理应承担本案侵权责任。该楼房的旧房改造施工企业（以下简称施工企业），未能提供证据证明施工人员并非通过楼房检修口进出楼房房顶进行施工作业，也应承担相应的民事责任。因此，一审法院酌定物业公司和施工企业分别承担50%的赔偿责任，遂判决两公司分别赔付汪先生医疗费、营养费、手机维修费等4800余元。

　　施工企业认为，其在事发时已施工完毕退场，且于事发前已报相关单位验收，故不应承担铁片盖板的固定及管理责任。施工企业遂上诉至上海一中院。

二审：适用过错推定原则，施工企业应承担50%赔偿责任

上海一中院经审理后认为，本案争议焦点主要在于：案涉楼房施工企业在施工过程中利用楼房检修口进出楼房房顶且未固定盖板，施工完毕后发生本案事故，该企业作为检修口的使用人是否应当承担侵权责任。根据《民法典》第1253条规定，建筑物、构筑物或者其他设施及其搁置物、悬挂物发生脱落、坠落造成他人损害，所有人、管理人或者使用人不能证明自己没有过错的，应当承担侵权责任。

本案中，施工企业主张事发时其施工已结束，施工人员已撤场，其施工行为与汪先生受伤之间不具有因果关系，故其不应承担侵权责任。

上海一中院认为，汪先生系因事发楼房房顶的检修口铁片盖板被台风吹落而砸伤，故楼房检修口及铁片盖板的所有人、管理人或者使用人不能证明自己没有过错的，应当承担侵权责任。

从民警对汪先生所做询问笔录的内容及组织相关各方参与调解协调会的过程来看，结合施工企业在庭审中自认其施工人员曾利用事发楼房房顶检修口至楼顶作业，其使用完毕亦未将铁片盖板固定，可以认定施工企业的使用行为与检修口铁片盖板被吹落之间存在关联。本案中施工企业未就其没有过错提供充分的证据加以证明，应对汪先生的损害结果承担侵权责任。

一审法院酌定施工企业承担50%的赔偿责任，并无不当。综上所述，上海一中院判决驳回上诉，维持原判。

本案涉及建筑物上设施坠落伤人责任主体的争议，其责任主体的认定及举证责任的分配系该类案件审理的重点，具有参考意义。

本案主审法官王韶婧提示，从《民法典》第1253条的规定可以看出，建筑物、构筑物或者其他设施及其搁置物、悬挂物发生脱落、坠落造成他人损害，适用过错推定原则，即受害人只需证明自己受到了损害，且该损害后果与相关建筑物、构筑物或者其他设施及其搁置物，悬挂物脱落、坠落之间具有因果关系，而所有人、管理人或者使用人则需要证明自己对"脱落或坠落"没有过错才可以免责。这样的规定旨在减轻受害人的举证责任，并且督促建筑物及其他设施的所有人、管理人或者使用人积极采取相关安全防范措施，履行更高标准的注意义务，以防止此类伤害事件的发生，更好地守护我们"头顶上的安全"。

文：张瑞雪

34. 女子被**劝酒**而亡，**责任**如何划分？

 **案件速览**

深夜，小桃至烧烤店独自"撸串"喝酒。几位男士上前搭讪，并邀请小桃一起喝酒聊天。男士们频频劝酒，几人畅快共饮。凌晨4点，小桃因酒精中毒殒命烧烤店。斯人已逝，谁该担责？是劝酒的男士，还是作为经营者的烧烤店？

上海一中院公开开庭审理并当庭宣判了这起生命权纠纷案，二审判决小桃自身承担醉酒死亡80％的主要责任，改判两名劝酒人按份分别承担12％及8％的赔偿责任，烧烤店对两名劝酒人的赔偿总额承担50％的补充赔偿责任。

案情简介

陌生男士劝酒，女子凌晨殒命烧烤店

"我饿了"，2020年5月10日午夜，小桃发送微信定位给不久前认识的烧烤店员工大军，"我在这，过来接我。"

看到微信后，大军骑电动自行车将小桃接到烧烤店。此时，时钟指向1点52分，小桃在9号桌落座，点了几串烧烤。大军递给小桃一罐椰汁，小桃却说要喝酒，大军便又从柜台拿了剩余少量白酒的酒瓶，给小桃倒了一点。

虽然已是深夜，烧烤店内零散还有几桌客人。阿中、小勇、阿坤三人正在7号桌喝酒聊天，看到孤身一人的小桃，便想将小桃搭讪过来。

2点12分，小勇来到9号桌，与小桃搭讪，碰杯共饮了一次白酒。两人聊了半个多小时，阿坤又来到9号桌，将小桃邀请到了7号桌。

服务员按要求给7号桌又上了一瓶白酒，小桃将白酒分成三杯，她与小勇、阿坤各执一杯。大军看到后，上前劝小桃少喝点，却被小桃拒绝了。小桃提议四人碰杯同饮，后又主动与阿坤干杯，觥筹交错，相谈甚欢。然而，小桃渐渐出现了饮酒过量的反应，反复搓脸、撸头发、低头张嘴深呼吸。

3点18分，在阿坤的劝说下，小桃第五次举杯饮尽杯中白酒，过了一会儿，小勇给小桃加倒啤酒，阿坤再次举杯劝酒。

而小桃此时已醉态尽显，并有些抗拒。但阿坤继续劝酒，小桃趴倒在桌上，很快又抬起头举杯。阿坤又为小桃满上啤酒，递给小桃，小桃饮下。

3点35分，已醉趴在桌上的小桃用双手撑住桌子，试图抬起头，但没能成功，之后，她没能再抬起头。看到此景，阿中离席而去，再未返回。

大军经过7号桌，用手拍打并试图扶起小桃，但小桃没有反应。之后，阿坤和小勇都试图叫醒小桃但未果，面对这种状况，两人与大军吵了起来，小勇一去不返。

3点56分，阿坤扶起小桃的头，此时，小桃的身体开始明显抽搐，五分钟后，抽搐渐弱。阿坤与在邻桌收拾的大军和其他店员就该由谁来负责照顾和安置小桃争论起来，后阿坤离开了烧烤店。

4点8分，大军对小桃持续进行了5分钟的简单施救，其间，烧烤店帮工老何报警，4点14分，警员出警至现场，并拨打了120。

4点26分，急救中心工作人员到达现场，现场确认小桃已丧失意识，自主呼吸停止，颈动脉搏动消失，宣告临床死亡。经司法鉴定中心鉴定，小桃符合急性乙醇（酒精）中毒死亡。

法院审理

一审：女子自负80%责任，劝酒人对余下的20%互负连带责任，烧烤店承担补充赔偿责任

小桃的养父将烧烤店及员工大军、帮工老何，以及阿中、小勇、阿坤3名酒友一起告上法庭，要求赔偿死亡赔偿金、被扶养人生活费、精神损害赔偿金等共计198万余元。

一审法院经审理后认为，小桃本人作为完全民事行为能力人，对自身安全负有合理谨慎的注意义务并应自我克制。但在事发时，小桃愉快地接受了来自陌生人小勇和阿坤的搭讪，对于喝酒亦有主动性，案外人小桃前夫表示，小桃生前有酗酒的恶习，故小桃对自身死亡的结果应承担主要责任。

本案事故发生在烧烤店营业的过程中，帮工老何在工作过程中，行为明显不存在故意或者重大过失。员工大军虽之前与小桃相识，当天亦系由其接小桃到店内，但并无充分证据证明两人有更为亲密的私人关系；事发当天，其在接小桃到店内消费、入店后的一系列接待行为，仍在其为烧烤店的餐饮生意而为顾客提供服务的工作任务范围内，且从整个事发过程判定，大军亦不存在故意或者重大过失行为。因此，老何、大军在事发过程中的行为后果均由烧烤店承担。

阿中在小勇和阿坤主动与小桃搭讪、邀请同饮后，在整个饮酒过程与小桃交流甚少，更没有主动劝酒的行为，仅有跟随小勇、阿坤、小桃同饮的行为，后又在小桃趴在桌上时起身离开，因此不能苛求阿中对其离开之后小桃因醉酒导致死亡的后果产生预判，故认定阿中不承担侵权责任。

一审法院认为，小桃自身积极同饮，小勇和阿坤积极劝酒、不救助，烧烤店不及时救助共同造成了小桃的死亡后果。经核定，小桃养父的合理损失（除律师费外）为191万余元，根据各自行为与死亡后果原因力的大小，一审法院酌定由小桃自负80%的责任，剩余20%的责任由小勇承担8%即15.3万余元，阿坤承担12%即22.9万余元，同时，小勇和阿坤之间互负连带责任；对前述小勇和阿坤连带承担的赔偿义务，烧烤店承担50%即19.1万余元的补充赔偿责任。

二审：劝酒人的过错程度可区分，
改判按份承担责任

烧烤店、小勇、阿坤不服，上诉至上海一中院。

烧烤店上诉称，其已在管理和控制能力范围内尽到了注意义务和救助义务，不应承担补充赔偿责任。

小勇认为，其无过错，不应承担赔偿责任或与阿坤之间的连带责任。阿坤上诉称，一审法院认定事实及适用法律错误。小勇与阿坤均请求改判其从人道主义角度承担3万元以内的补偿责任。

上海一中院经审理认为，本案的争议焦点一是小勇、阿坤对小桃的死亡有无过错，其应否承担责任及责任比例的认定；

二是烧烤店是否尽到了安全保障义务，应否承担相应的责任。

关于第一个争议焦点。本案中，小勇、阿坤积极同饮、劝酒，甚至在小桃大量饮酒并已经出现醉态后，仍继续实施了劝酒的积极行为。且当小桃出现醉酒后的危险状态时，小勇和阿坤均未尽救护、送医或报120的通知义务，两人的不作为体现了他们对小桃健康和生命安全的漠视，是导致小桃延误救治时机直至最终死亡的原因之一。小勇和阿坤实施的上述作为和不作为行为，主观上存在过错，客观上造成了小桃最终死亡的损害后果，符合侵权的构成要件，应当承担侵权责任。根据在案证据，小勇、阿坤在对小桃进行搭讪时，存在一定的意思联络，但该搭讪行为本身并非法律禁止的行为，与小桃的死亡之间并无直接因果关系。且综观小勇和阿坤在共饮过程中的表现，双方实施的侵权行为及过错程度可以区分，应当按照各自的过错程度及原因比例确定各自应承担的责任。综合考量同饮过程中小勇和阿坤的劝酒行为、劝酒次数等因素，阿坤的责任明显大于小勇，一审法院酌定小勇、阿坤的赔偿责任比例尚属合理。然二人应承担按份责任，无须互负连带责任，应予纠正。

关于第二个争议焦点。上海一中院认为，消费者处于严重醉酒的危险状态时，餐饮经营者有义务采取及时、合理的措施确保醉酒消费者的安全，防止危险的发生。本案中，小桃醉酒后出现危险状态，从小桃头趴在桌上失去知觉到老何报警长达近35分钟的过程中，烧烤店的数名员工都可以发现或者可能已经发现小桃的不正常状态，但始终无人报警或者拨打120，烧烤店未及时采取救护、送医或拨打120的措施，未尽到安全保障义务，依法应承担相应的补充责任。对前述小勇和阿坤按份承担赔偿义务的总和，烧烤店承担50%的补充赔偿责任。

上海一中院作出如上改判。

法官说法

本案主审法官任明艳指出，共同饮酒虽系正常的社会交往活动，单纯饮酒并不产生民事责任，但是共同饮酒人之间应当尽到相互提醒、劝告少饮酒并且阻止已过量饮酒之人停止饮酒的注意义务；当共同饮酒人处于醉酒等危险状态时，其他共同饮酒人应及时采取救护、通知、照顾、送医等合理措施，保护醉酒之人免受伤害，积极履行救助义务，若因过错违反上述义务，便应依法承担相应的责任。

作为经营者，则应对进入其经营活动场所的顾客尽合理限度内的、使其免受人身及财产损害的安全保障义务，当在其店内活动的人员（包括顾客）出现明显的不正常状态时，应当予以应有的关注，并及时采取救助措施。

文：李丹阳

35. "砰"！篮球比赛中受了伤，责任归谁？

案件速览

2021年6月22日，上海一中院依法公开宣判了一起生命权、身体权、健康权纠纷上诉案：上海某大学的两名同学因篮球比赛中一方受伤而诉至法庭。上海一中院二审认定，该情形应适用我国《民法典》确立的自甘风险规则，并据此改判其他参赛者不构成侵权，无须承担任何侵权责任。

一场学校篮球赛引发的官司

沈某和严某是上海某大学的两名学生，2019年10月11日，他们一起参加了学校组织的篮球比赛，分属两队，沈某为进攻方，严某为防守方。一声哨响，比赛开始，双方开始了激烈的对抗，就在比赛进行到如火如荼的关键时刻，沈某纵身起跳，潇洒上篮，严某亦立马起跳，进行防守，本以为会是一次灌篮高手式的严防死守，却未承想两人在空中发生了碰撞。只听"砰"的一声，沈某摔倒在地，没能爬起来，严某也被判犯规。事故发生后，沈某被立即送往医院，经诊断为左肩外伤。

沈某出院后，每每想到自己支付的高额医药费，都心痛不已，而严某始终没把医药费赔给自己，沈某便找到律师，决定起诉严某，索赔医药费5.4万余元和律师费5000元。于是，沈某和严某两个校友，因为一场篮球赛而对簿公堂。

2020年8月14日，一审法院委托鉴定机构对沈某的伤势进行鉴定，鉴定报告显示：沈某未达伤残等级。沈某为此又支付了一笔鉴定费1950元。

一审法院认为，沈某系在进攻过程中被严某防守，导致双方发生碰撞而受伤。证据显示，严某的防守行为属犯规行为，故应当承担侵权责任。然而篮球运动系具有强对抗性、高风险的体育竞技运动，当事人自愿参加对抗较为激烈的体育运动应当视为其自甘风险。沈某作为完全民事行为能力人，明知篮球运动存在受伤的风险，仍参加该运动，应当对风险本身可能带来的伤害结果承担一定的责任。据此，一审法院判决严某对沈某的损伤承担50%的赔偿责任，计2.7万余元，同时亦需承担沈某支出的律师费4000元。

严某不服，上诉至上海一中院。

法院审理

"裁判"出庭还原现场，法官赴篮协了解规则

二审期间，沈某申请两位证人出庭作证，分别是比赛那天的当值主裁李某（业余裁判员，不持有裁判员证书）和负责比赛事务性工作的老师邱某。李某表示，其吹罚的是违体犯规，罚则是两罚一掷。而负责制作本次篮球赛《情况说明》的邱某，则自认由于其未准确了解和区分技术犯规和违体犯规的定义，导致第一份《情况说明》将严某的犯规种类误写为技术犯规。后经了解情况，第二份《情况说明》将严某的犯规种类改正为违体犯规。

为了更好地了解裁判规则，上海一中院与上海篮协取得联系，立案庭副庭长兼本案审判长方方及合议庭成员前往上海篮协，就本案中所涉判罚情况进行咨询。上海篮协负责人表示，篮球运动属于集体球类竞技运动项目，其最显著的特点是具有强力对抗性，一旦出现犯规，客观上便存在发生人身损害的风险。但依据相关篮球比赛之规则，参赛者因在与对方的争抢中有不必要的身体接触而被吹罚的，属违体犯规，但并非所有被吹罚的犯规行为针对的对象都是其他参赛者的人身，也有可能是针对被其他参赛者控制的篮球，即存在"对球不对人"或者"名为对球实则对人"以及"以假借犯规的行为施行恶意人身伤害"等多种不同形态，需分别甄别。

二审：违体犯规不必然构成侵权，改判伤者自甘风险

严某上诉表示，沈某系自愿参加具有相当风险的篮球比赛，并在参加涉案篮球比赛时摔倒受伤，自己不存在用膝盖顶撞沈某的恶意犯规行为。

上海一中院认为，首先，严某的防守行为构成违体犯规。根据《篮球规则》第36.2.1条之规定可知，技术犯规是没有身体接触的犯规。而从本案来看，沈某在摔倒受伤前，其与严某有身体接触，且严某的防守行为与《篮球规则》第36.2.1条所列举的技术犯规的行为种类并不相同。同时，《篮球规则》第36.3.2条规定了技术犯规的罚则，但从现有证据来看，当值主裁吹罚严某犯规时的罚则是两罚一掷，显然与技术犯规的罚则不同，而与《篮球规则》第37.2.2条规定的违体犯规罚则相同。因此，严某的行为并不构成技术犯规。该大学在出具的第二份《情况说明》中将严某的犯规种类由技术犯规改正为违体犯规，确有依据。

其次，严某在主观上仅有一般过失。本案中，沈某在涉案篮球比赛中因对方参赛者严某的防守行为受到人身损害，尽管严某的防守行为构成违体犯规，但这并不必然使沈某有权请求严某承担侵权责任。严某在主观上仅有一般过失而无故意或者重大过失。对此，应当从以下角度出发判断：一是从参赛者具体行为的角度判断。本案现有证据无法证明严某在对沈某进行防守时存在用膝盖撞击的行为，相应的不利后果应由沈某自行承担。二是从体育活动种类特性的角度判断。参赛者的注意义务应限定在较一般注意义务更为宽松的范围内。在篮球比赛"强力对抗"的情况下，不能苛求严某在作出封盖的防守动作时经过深思熟虑，且必须做到合理规范。三是从体育活动举办规格的角度判断。涉案篮球比赛属业余性质，但风险性高于日常体育活动，对业余参赛者严某的犯规行为不能过于苛责。

综上，沈某尽管系在涉案篮球比赛中因严某的防守行为而摔倒受伤，但根据《民法典》第1176条第1款，严某不应承担侵权责任。二审基于此，作出上述改判。

法官说法

本案主审法官韩朝炜表示，根据《最高人民法院关于适用〈中华人民共和国民法典〉时间效力的若干规定》的相关规定，本案适用《民法典》第1176条的规定，该规定首次在我国确立了自甘风险规则。该规则是指受害人自愿承担可能性的损害而将自己置于危险环境或者场合，造成损害的行为人不承担责任。

我国法律明文规定，自甘风险规则的目的主要有两个：一是免除危险文体活动中参加者一般过失的侵权责任，保障相关文体活动本身所需要的充分的活动自由；二是促进相关文体活动的正常发展，避免过错侵权责任制度对其产生不当抑制。

自甘风险规则的构成要件包括以下四个方面：一是受害人自愿参加具有一定风险的文体活动；二是受害人遭受损害；三是其他参加者的行为与受害人所遭受的损害之间存在因果关系；四是其他参加者对受害人所遭受损害的发生在主观上没有故意或者重大过失。

需要注意的是，自甘风险规则亦有例外情形。根据《民法典》第1176条之但书的规定，其他参加者对损害的发生有故意或者重大过失的，不适用自甘风险规则。因此，韩朝炜法官也特别提醒广大热爱文体活动的群众，在参加具有一定风险的文体活动时，一方面要尽量注意自身安全和他人安全；另一方面也切勿存在侥幸心理，对其他参加者实施存在主观故意或重大过失的侵害行为。

文：王长鹏

36. 悬赏发布不实消息近 21 小时，流量 2000 万，担何责？

案件速览

　　网络平台接受第三方有偿委托发布悬赏任务，散布不实信息，是言论自由还是侵权？

　　上海一中院就审理了一起网络侵权责任纠纷案件，最终二审维持原判，认定网络平台和第三方共同构成网络侵权，判决二者公开道歉，并承担赔偿损失等连带责任。

案情简介

前情提要：案外消费者买到翻新机并维权

2019年，案外消费者王某在知名网购平台优福公司的商家处买到翻新iPhone（苹果手机）后与客服进行沟通，尽管商家承诺过"假一赔十"，但王某的维权之路还是充满阻碍。

从当年5月起，王某使用微博账号发布了数条有关此事维权经过的微博。同时，在王某诉优福公司及商家网络购物合同纠纷一案中，法院认定了在王某申请售后过程中，优福公司作为网购平台介入要求商家妥善处理、商家逾时未妥善处理优福公司介入退款等，优福公司并不存在明知商家售假、不履行督促商家赔付等情形，遂驳回了王某对优福公司的诉讼请求。

事件经过：悬赏发布未经核实的文案，网购平台怒了

2019年11月，阳光公司制作了多个有关"在优福公司买到翻新iPhone"的文案，如【掩耳盗铃的"假一赔十"：男子＃优福公司买到翻新iPhone＃】【＃在优福公司买到翻新iPhone＃ 获赔23270元，说好的"假一赔十"要等192天？】等。之后阳光公司以6万元的价格有偿委托提供短视频内容服务的伊森公司发布悬赏任务。

36. 悬赏发布不实消息近 21 小时，流量 2000 万，担何责？

2019 年 12 月，伊森公司在某平台《内容孵化器》栏目发布——悬赏任务，名称为"在优福公司买到翻新 iPhone"，内容包括主题为"男子在优福公司买到翻新 iPhone，维权 192 天后胜诉"的视频，并配有一段文案，文案中提到"从头至尾优福公司压根不出面，客服只会回复'已经备注了哦'，这就是优福公司所谓的'假一赔十'"。

悬赏活动中，粉丝数量在 1 万—10 万的用户，只要博文阅读量达到 3000 次，分发链接保留 7 天后，可分 2300 元现金，粉丝数量越多，可分的现金越多。悬赏任务发出后，包括粉丝数几万至几百万的微博"大 V"在内的多名用户对该内容进行了转发，引发舆论对优福公司的负面评价。

优福公司随即向伊森公司提出异议，伊森公司提前下架了该活动，活动持续时长近 21 小时，在微博上的阅读量达 2084 万次。

事后，优福公司认为伊森公司与阳光公司的行为严重损害了其商誉，也给其带来了巨大的经济损失，便起诉至法院，要求两家公司赔礼道歉，并赔偿商誉损失 10 万元及公证费损失 3000 元。

一审：两公司悬赏散布不实言论，承担连带责任

一审法院认为，伊森公司与阳光公司通过发布悬赏任务的方式，以现金奖励刺激微博博主，在短时间内进行话题炒作，给网购平台优福公司的声誉造成了负面影响，故应当承担连带责任。

一审法院判决，伊森公司、阳光公司在相关媒体、网站、微博连续十日发布对优福公司的道歉声明，共同赔偿优福公司商誉损失5万元、公证费3000元。

伊森公司和阳光公司均不服判决结果，上诉至上海一中院，请求撤销原判，改判驳回优福公司一审全部诉讼请求。

伊森公司认为，优福公司售卖假货在先，王某买到翻新手机属实，一审判决忽视了上述事实以及公民言论自由的权利；文案加入"主观性评价"不等同于文案存在失实之处或存在公正性、客观性问题。即使本案争议文案存在些许夸大事实的情况，但委托发布人是阳光公司，伊森公司承担的责任与过错不相符。

阳光公司认为，其提供的文案更多的是对于事实的评论和报道，是基于客观事实行使公民言论自由权，不存在主观过错，不构成侵权。

二审：属商业行为而非言论自由，维持原判

上海一中院经审理认为，本案争议的要点在于上述文案内容是否具有客观性。

王某系消费者本人，其与商家、与网购平台优福公司有权益纠纷，进而引发诉讼，这是客观事实。

王某对整个维权过程有亲身感受，可以适当发表涉及其他当事人的言论、评论，但其单方面的说辞不能代表整个事件的真相。

阳光公司制作文案以及伊森公司受托发布文案时，应当知晓上述基本情况，同时也应知道此维权事件的认定及处理已经法院判决确定，但阳光公司、伊森公司从根本上无视法院判决，草率制作文案话题、发布任务活动，显然没有尽到充分的注意、审核义务，以此形成的文案内容以及引发的话题讨论显然也无法做到客观详尽，难免有夸大、失实、误导之处。

本案基本事实显示，阳光公司制作文案话题，并以有偿方式委托伊森公司通过其网络服务平台发布悬赏任务。据此可以确定，两家公司之间的上述业务合作纯属商业行为，而并非其辩称的行使言论自由权或进行新闻监督。两家公司对通过网络服务平台发布的信息负有谨慎注意和必要核实的义务。

而且此项任务活动引发的网络后果给网购平台优福公司的商誉造成了损害，两家公司构成对优福公司的共同侵权，应当承担相应的民事责任。

综上，上海一中院遂驳回上诉，维持原判。

本案主审法官严耿斌指出，悬赏任务一般是指雇主在网络上发布任务，提供一定数额的赏金，吸引网络用户转发任务或评论任务的一种活动。悬赏任务可以在网络上形成扩散效应，引发关注。

本案雇主和受托方发布悬赏任务的内容是有损他人商誉的不实文案，构成对他人的共同侵权。网络不是法外之地，要在尊重客观事实的基础上发表观点，不可夸大作假，否则有违言论自由的初衷。

文：王梦茜　王徐池然（实习）

37. 侮辱救火英雄，判了！

案件速览

　　声誉、名誉作为一种社会评价，关乎每个人的人格尊严。公民享有对自身名誉利益的保有和维护的权利。上海一中院审结了这样一起涉及救火英雄的名誉权纠纷案。

　　2020年12月31日，大力在上海的某处公交车站张贴了两张标题为"上海救火英雄张××背后肮脏的故事"的大字报，内容涉及的并非张先生个人，而是张先生的亲戚。大字报中写有"他们是披着羊皮的恶狼"等明显具有侮辱性的字眼，而这处公交车站刚好就在张先生家附近。张先生得知此事后，将大力诉至法院。

法院审理

一审法院经审理后认为，大力明知张先生因救火事迹具有一定的知名度，仍为博眼球故意张贴具有明显侮辱性字眼的大字报，大力的这一行为侵害了张先生的名誉权，应对此承担相应的责任。

一审法院判决大力于判决生效日起十日内向张先生书面赔礼道歉，道歉内容须经法院审核，同时赔偿张先生精神损害赔偿金3000元。大力不服，向上海一中院提出上诉。

二审中，大力认为自己张贴的大字报的内容不存在侮辱诽谤，要求撤销一审判决。

张先生表示，大字报所写内容均与自己无关，但张贴的字报标题却使用了自己的名字，"上海救火英雄张××背后肮脏的故事"，如此字眼对自己的名誉造成了很大的负面影响，请求法院驳回上诉，维持原判。

上海一中院经审理查明，张先生因其救火行为曾获得中共中央宣传部、共青团中央等授予的"全国见义勇为英雄模范"等荣誉称号。而大力也表示其在大字报上写的事情均与张先生无关，只涉及张先生的亲戚。

上海一中院认为，是否构成侵害名誉权，应当根据受害人确有名誉被损害的事实、行为人的行为违法、违法行为与损害后果之间具有因果关系、行为人主观上有过错等几个方面认定。

首先，根据本案查明的事实，大力确于公交车站处两次张贴了标题为"上海救火英雄张××背后肮脏的故事"的大字报，且大力确认其所写内容与张先生并无关系，只为用"救火英雄"博人眼球。大力在无事实依据的情况下，使用了"背后肮脏的故事"等词汇诱导公众对因救火事迹具有一定知名度的张先生产生误解及议论，具有明显的侮辱性，已构成对张先生名誉的侵害。

其次，即便大字报所提及的事件与张先生并无任何关系，但张贴内容提及的人物与张先生是亲戚关系，对听闻该大字报内容的大众而言，难免会在心理上产生对张先生的负面印象。在张先生因救火行为被授予诸多荣誉、社会评价本身较高的情况下，大力所写内容的影射效应在一定程度上亦构成对张先生的贬损及侮辱，对其名誉及社会评价产生较大的负面影响。

最后，大力在一审中明确拒绝当庭向张先生道歉，且其在二审中表示下次换个名字再贴，主观上始终未认识到其行为的错误，存在较大的恶意。

综上，上海一中院驳回上诉，维持原判。

 **法官说法**

本案中，大力与张先生之间并无个人恩怨，大力却借救火英雄张先生的知名度，张贴不当言论，随意损害他人名誉，行为严重不当，理应承担相应的法律责任。

张先生曾因英勇救火被评为"全国见义勇为英雄模范"，其精神值得敬佩与传承，其尊严亦需要法律的捍卫与维护。以司法对其名誉进行坚决保护，是弘扬社会主义核心价值观的要求和体现。

法治社会下，公民要对其言行负责，智者应当以法护身，切勿以身试法。若认为自身权益受到侵犯，应通过正当途径妥善处理或请求救济，同时约束自身言行，注意措辞，切勿以损人不利己的方式表达诉求，否则将自行承担不利的法律后果。

文：姚卫华

38. 在微博上诽谤高校老师，法院判了！

 **案件速览**

在网络平台发表言论诋毁他人需承担怎样的法律责任？侵害名誉权的标准又是如何认定的呢？

上海一中院审结了一起网络用户利用信息网络侵害自然人名誉权的案件，二审认定发帖人小章利用其微博账号恶意发表文章，构成诽谤，侵害了当事人小陈的名誉权，故驳回上诉，维持一审原判，判决小章向小陈书面赔礼道歉，并赔偿小陈各项损失共计1.4万余元。

高校老师在微博上被恶意诽谤

2022年1月8日，某微博用户发布了一篇指称某高校老师小陈利用婚姻骗取财产的文章，言辞激烈，内容博人眼球。文章称，小陈"利用婚姻骗取财产""诋毁和利用老校长""道德沦丧""处心积虑夺取房产""气死我母亲和暴力殴打家人""建立情人关系"等。

文章发布后很快引起了该高校的重视。该高校宣传部于次日向微博发送了《关于删除网络不实言论的函》，要求删除该文章。微博随后便采取行动，删除了该文章。

但发布该文章的微博用户并未就此停手，反而更改昵称并新注册了另一账号，在2022年1月10日至2022年3月20日期间多次发布文章，还放出"小陈，你觉得删帖就能掩盖事实真相吗""小陈，微博揭露你的恶劣行为是以事实为根据的，而你的恐吓、你的删文，更暴露你想掩盖你的行为"等言论，并多次@微博大V以扩大传播范围。

在此期间，小陈多次向微博投诉要求删除小章发布的相关文章，并自2022年2月14日起除要求删除侵权言论文章外，还要求微博对恶意发布文章的两个微博账号禁言并关闭账号。但微博每次仅删除相关文章及言论，始终未采取禁言、关闭微博账号以及披露微博账号注册人信息的措施。

小陈不堪其扰，将发帖账号和微博平台一同诉至法院，要求其承担侵害名誉权的责任。

 法院审理

一审：满足侵权"四要件"，已构成诽谤

一审法院经审理查明，发帖的两个微博账号的使用人均为小章，其对自己在涉案文章中指称的相关内容未能提供证据证明情况属实，因而属于捏造虚假事实，构成对小陈的诽谤，侵犯了小陈的名誉权，应在判决生效之日起10日内向小陈书面赔礼道歉，并赔偿小陈律师费、取证费、精神损失费共计1.4万余元。微博的运营主体在小陈通知其涉案文章及相关言论侵害小陈的名誉权后，均及时履行了删除义务，尽到了网络服务提供者的义务。故微博在本案中无侵权行为，不承担民事责任。

小章不服判决，上诉至上海一中院，请求撤销一审判决，改判驳回小陈一审全部诉讼请求。

二审：驳回上诉，维持原判

上海一中院经审理后认为：本案属于网络用户利用信息网络侵害自然人名誉权的纠纷，此类侵权相较于传统名誉侵权，

区别是其发生场域在互联网，而网络空间绝非法外之地，符合侵权构成要件的，行为人仍应承担侵权责任。名誉权作为人格权的重要组成部分，对其侵权责任的认定需满足法律规定的一般构成要件，即行为人有侵害他人名誉权的行为、受害人有名誉被损害的事实、加害行为和损害后果之间存在因果关系、行为人主观上具有过错。

上海一中院从上述一般侵权认定的四项构成要件出发，经过逐一分析，认为小章未能举证证明其在微博上发表的涉案文章内容的真实性，其发表涉案文章的行为构成诽谤。小章发表涉案文章、虚假陈述使得两个微博阅读量均达到100多人次的行为，足以造成小陈相关方面社会评价降低的后果，且从小章的发帖内容及频率来看，其具有积极追求侵犯小陈名誉、使小陈社会评价降低的目的，存在主观故意，故小章的行为满足名誉侵权的构成要件，理应承担相应的侵权责任。

至于小陈要求关闭涉案两个微博账号的诉请，则属于微博行使平台自治管理权限或微博与小章之间服务合同履行的范畴，且此项诉请超出了合理、必要的范围，不符合比例原则的要求，结合小陈亦未就此提出上诉的情况，上海一中院对一审该项判决亦予以维持。

综上所述，上海一中院驳回上诉，维持原判。

法官说法

近年来，随着互联网的普及和相关技术的发展，网民可以自由地在互联网上发表作品和言论，但同时网络名誉权侵权纠纷案件数量也日渐增多。网络用户利用信息网络侵害自然人名誉权，属一般侵权范畴，仍应满足侵权责任认定的四项构成要件。

本案主审法官卢颖提醒，网络用户在网络上发表言论时，应当对自身所表达内容的真实性、客观性负责，切不可为了一时情绪的宣泄或者博取他人眼球而无所顾忌地表达自己的观点，甚至逾越法律的底线，否则将承担相应的法律责任。网络服务提供者也应当积极营造和谐的舆论环境，引导人们在互联网上理性、文明发言，一旦发现网络用户实施行为侵害他人人格权益的，应视相关信息侵害权益的类型、程度及紧迫性等具体情形，及时采取包括但不限于删除、屏蔽、断开链接等在内的必要措施，同时积极开展自查清理，规范自身行为，管好平台账号，切实维护好网络传播秩序。

文：张瑞雪

39. 分手后，竟被男友泄露隐私！

 **案件速览**

"再不还钱我就要去坐牢了"，面对陷入窘境的男友，女大学生毅然决定帮忙，不料男友拿了钱就"跑路"，事后还辱骂女友、宣扬双方之间的性隐私……女大学生崩溃退学，曾经恩爱的男友竟是如此"渣男"……

上海一中院审结了这起名誉权、隐私权纠纷上诉案，二审认定，前男友的行为侵犯了女大学生的隐私权，依法改判前男友赔礼道歉，并赔偿女大学生精神损害赔偿金3000元。

案情简介

女大学生索要欠款不得，反被前男友泄露性隐私

2018年2月，大一女生王敏在校外找了一份兼职，其间认识了比自己大三岁的社会人士陈真，两人互生情愫，不久便谈起了恋爱。一天，陈真向王敏寻求帮助，说自己欠了钱，再不还就要坐牢，于是借了王敏的身份证，去信贷公司借来两万余元。可让王敏没想到的是，男友拿到钱后就"跑路"了。

在索要欠款的过程中，两人发生矛盾，继而分手。但陈真不仅不还钱，还在电话、微信朋友圈、QQ中辱骂王敏"特别坏，不是什么好人"，并将双方的性隐私向其亲属朋友宣扬。

王敏很受伤，精神一度濒临崩溃，经医院诊断为重度焦虑、中度抑郁。2019年6月6日，无心向学的王敏从学校退学。

陈真却依旧以各种理由推托，拒不还款。面对如此"渣"的前男友，悲愤的王敏向派出所报案，陈真这才约王敏来上海见面调解。在派出所的主持下，陈真归还了一部分欠款，但还余下2500元未还。然而他并未因此收敛言行，仍然继续发朋友圈，辱骂王敏。

2019年8月16日，王敏再次报警，经协调，双方达成协议："陈真必须在9月5日前全部还完（欠款）……2019年8月

16日起，陈真不得再四处造谣，如此事协商不成，则当事人可以向法院起诉。"

一审：支持赔礼道歉，不支持精神损害赔偿

然而，签完协议之后，陈真又"消失"了，不仅不还钱，还继续向亲朋说王敏的坏话……忍无可忍的王敏将陈真告上了法庭，请求法院判决陈真停止侵害、赔礼道歉并赔偿精神损害赔偿金10万元等。

一审法院认为，陈真将其与王敏之间的性隐私公之于众，显然侵犯了王敏的隐私权。但对于其对王敏名誉权的侵害的指控，现有证据尚不足以证实。

一审法院支持了王敏要求陈真书面赔礼道歉的诉讼请求，但以伤害尚不至于造成精神痛苦的严重后果为由，驳回了其主张精神损害赔偿金的诉请。因辱骂或宣扬隐私的行为往往发生在一瞬间，故王敏无法明确上述侵权行为是否还在继续，一审法院对停止侵权请求难以支持。

王敏不服，认为一审法院认定事实及适用法律错误，向上海一中院提起上诉。

王敏认为，因陈真散布性隐私，导致其受到严重的精神创伤，濒临崩溃，才被迫退学，而陈真的侵权行为导致自己精神崩溃，一审法院认定未达到严重后果属于认定事实错误。由此，王敏请求上海一中院改判陈真赔偿精神损害赔偿金5万元等。

二审：隐私权受到侵害，改判赔偿精神损害赔偿金3000元

上海一中院经审理后认为，本案主要的争议焦点为：一是陈真的行为侵犯了王敏的名誉权还是隐私权；二是陈真是否应赔偿王敏精神损害赔偿金。

关于第一个争议焦点，首先，自然人享有隐私权。而性隐私是自然人最核心的隐私之一。根据双方当事人签订的协议书等证据，足以证明陈真未经王敏的同意，擅自将双方之间的性隐私向他人公开宣扬，侵犯了王敏的隐私权。

其次，从在案证据看，王敏在遇到纠纷和问题时，容易情绪激动，并存在过激言辞。陈真的不当言辞，属于在特定情境下的应激反应，法院对陈真的不当言论予以批评。陈真的不当言辞起因于双方当事人之间的情感及经济纠纷，在案证据尚不足以证明陈真具有贬损王敏名誉的恶意，也不足以证明陈真的言辞造成了王敏的社会评价降低。同时，陈真向他人披露王敏性隐私的行为不属于侮辱、诽谤，即便确实对王敏造成了负面影响，也不构成对王敏名誉权的侵犯。

关于第二个争议焦点，即王敏主张精神损害赔偿金的问

题。自然人的隐私权受到严重侵害的，可要求侵权人赔偿损失。本案中，陈真出于炫耀等个人目的，擅自将王敏的性生活隐私向陈真的同学、老乡以及同事等人公开披露，该侵权行为不仅损害了王敏的羞耻感、自尊心，而且对王敏未来的生活亦会产生一定的负面影响，陈真的侵权行为必然会给王敏带来一定的精神痛苦和损害。根据相关司法解释之规定，结合本案实际情况，考虑陈真的过错程度、侵权行为的情节等因素，酌定其赔偿精神损害赔偿金3000元。

上海一中院作出上述改判。

 法官说法

本案主审法官刘江指出，名誉权是自然人和法人就其自身属性和价值所获得的社会评价享有的保护和维护的人格权。而隐私权是指自然人享有的私人生活安宁与私人信息秘密依法受到保护，不被他人非法侵扰、知悉、收集、利用和公开的一种人格权。侵害名誉权与侵害隐私权最大的差别在于，前者主要表现为侮辱、诽谤，后者多为未经权利人同意公开披露事实。

刘江法官提醒，恋人之间要注意保护自身隐私，处理经济纠纷时亦要守法。即便感情难以为继，也倡导和平理性分手，而不应通过泄露对方隐私等方式进行恐吓、威胁，更不得借此寻求炫耀或者刺激。如果协商不成，当事人可以依法维权，因

侵权受到精神损害，导致严重后果的，除可以要求法院责令侵权人承担停止侵害、恢复名誉、消除影响、赔礼道歉等民事责任外，还可以要求侵权人赔偿相应的精神损害赔偿金。

文：李丹阳　邱诗韵

40. 一个入学名额几十万元，真的存在吗？

案件速览

为了孩子能上更好的学校，不少家长费尽心思，不惜花重金向"中间人"购买入学名额，然而等来的却不是入学通知书，而是立案告知书。

上海一中院审结了一起代办入学诈骗上诉案，李某利用其国家公职人员身份的便利，与12名学生家长签订了《入学咨询服务协议》，骗取咨询费、金条和购物卡等财物，共计600余万元。

最终，上海一中院作出终审裁定，维持原审对李某犯诈骗罪判处有期徒刑十四年，剥夺政治权利三年，并处罚金人民币五十万元，责令李某继续退赔违法所得的判决。

案情简介

家长圈里遇"能人"，代办入学"人脉"广

陈某夫妇是某外企高管，一次偶然的机会在儿子小陈的艺术培训班家长群里获悉李某是名公职人员，人脉广、资源多，可以帮忙代办小孩入学事宜，而且已经有不少成功入学的案例。晚上，夫妻俩商量了下，为了给孩子谋求更好的教育，决定与李某见面，洽谈儿子的入学事宜。

口口相传，李某在家长群里很快就"出圈"了，不少家长主动与李某联系，只求一个入学名额。

王某某妈妈　"我们小孩准备上 ×× 小学啦。"

"你们家小孩怎么送进去的呀？"　张某某妈妈

赵某某爸爸　"我朋友介绍了一名公职人员，人脉很广，可以走内部通道招生进去。"

"推荐我认识下。"　陈某某妈妈

张某某妈妈　"也推荐我认识下。"

代办入学"明码"标价，高额收费变赌资

一周后，李某约陈某夫妇在咖啡厅洽谈小陈的具体入学事宜。

陈某夫妇介绍完儿子小陈的详细信息后，李某给出了详细报价，上海某某公立小学70万元，某某民办小学66万元，某某附小60万元……双方约定，学校开学前，如未入学成功或者入学后无学籍，将全额退还服务费；入学成功则补齐尾款；收到录取通知书后，因陈某原因拒绝或放弃入学的，所交费用概不退还。双方签订《入学咨询服务协议》后，陈某夫妇当场支付了50万元"咨询服务费"给李某。得款后的李某，转手就将钱款挥霍一空。

故技重施，李某单独或伙同好友陆续与十余名学生家长签订了《入学咨询服务协议》，收取了高额的"咨询服务费"。

法院审理

法网恢恢疏而不漏，刑事制裁终难逃脱

开学日期临近，迟迟见不到录取通知书的陈某等一众家长陆续报案。经公安机关侦查，2021年4月，检察院以被告人

李某涉嫌诈骗罪向法院提起公诉。

一审法院认为，被告人李某以非法占有为目的，单独或伙同他人虚构事实、隐瞒真相，骗取他人财物，数额特别巨大，其行为已构成诈骗罪。遂对李某以诈骗罪判处有期徒刑十四年，剥夺政治权利三年，并处罚金人民币五十万元；责令李某退赔违法所得。

李某不服判决，向上海一中院提出上诉。

李某认为自己与学生家长之间存在的只是经济纠纷；即使构成刑事犯罪，其被抓获时与部分学生家长签订的《入学咨询服务协议》也尚未到期，相关钱款应从犯罪金额中扣除，原判量刑过重，希望法院予以改判。

上海一中院经审理后认为，李某明知自己没有能力帮助他人办理学生择校事宜，仍虚构有"领导名额"可以安排入学的假象，其间还指使好友冒充校方人员获取学生家长信任，骗取钱款后随即用于赌博、挥霍，其行为已构成诈骗罪。李某与学生家长签订《入学咨询服务协议》仅是其骗取他人财物的手段，无论其被抓获到案时协议是否到期，均不影响对其行为性质的认定，相关金额应计入诈骗犯罪数额。

原审法院根据李某的犯罪事实、性质、情节以及对社会的危害程度等，对其所作出的判决定罪准确、量刑适当，且诉讼程序合法。

最终，上海一中院驳回李某的上诉，维持原判。

法官说法

在"代办入学"型诈骗案件中，犯罪分子往往利用学生家长希望子女得到更好的教育资源的心理，鼓吹自己"有人脉、有关系、能办事"，使家长重金委托其"运作"子女入学事宜，进而将学生家长财物据为己有。

法官提醒，入学择校没有捷径，切勿迷信"关系"办事、"熟人"介绍，防止财产损失，滋长不良社风。在办理子女入学择校时，家长可以关注教委和教育局网站，及时了解有关入学政策和规定，多向校方咨询，走正规途径，以免上当受骗。

文：潘自强

41. 天降"神医"? 百年秘方?

 **案件速览**

严爷爷报警称，其在微信上认识的一个"神医"有"百年祖传秘方"……

上海一中院依法审结了一起诈骗罪上诉案件，维持一审法院对原审被告人犯诈骗罪，判处有期徒刑4年，并处罚金人民币3万元，违法所得依法发还各被害人的判决。

经法院审理查明：上诉人与39名同案犯通过互联网推送虚假广告吸引客户，冒充专业医务人员，虚构药品来源及治愈率、虚构"一人一方"配制、使用虚假患者好评截图、虚构药品无效原因，骗取被害人信任，推销价格畸高的非处方药、保健品、食品。

偶遇网络神医，治疗耳疾有方

严爷爷有耳聋的老毛病，四处寻医觅药却始终没有好转。春节聚餐时，亲戚将朋友圈内大夫"聪耳奇方"推荐给他，加了微信后，严爷爷才知道自己遇到了"神医"。这名医生不仅是三甲医院的名医，自称治疗耳疾非常"牛"，还精通男科、女科、耳科、气血调理等，更有"百年祖传秘方"。该医生为严爷爷网络问诊，在询问过症状、看过舌苔照片后，根据严爷爷的个人情况专门为严爷爷定制了价格3000元的药方。

珍贵单人单方，承诺药到病除

面对高价药，严爷爷有些犹豫，"神医"发送了在药房抓药、制药的照片及视频，宣称该药是"单人单方""针对客户情况专门熬制""几十种名贵药材熬制浓缩成的胶囊"。"神医"还陆续推送了很多用户病愈的反馈，承诺用药后一周期（60天）内病症有明显改善，三周期（180天）内恢复正常，不再复发，建议严爷爷可以先试用一周期药物，后续会跟进了解恢复情况。

在严爷爷试用一周期药物无效后，"神医"解释严爷爷本身脾胃不和影响了药效吸收，应当再购买两周期药物才能起效。严爷爷听从"医嘱"服药后依然没有任何好转，上网搜索后发现，所谓的"神药"在网上售价仅十几元，这才明白上了当！

虚构专业身份，夸大疾病症状

原来，所谓"神医"不过是诈骗团伙中的一员。2018年年初至2019年1月，被告人与39名同案犯在陕西省西安市成立所谓"新媒体"销售团队，在没有专业医疗背景，也无基本医学知识的情况下，以"大真线上调理团队""健康咨询老师""聪耳奇方健康咨询师"为名，在互联网平台推送虚假广告，吸引客户添加微信好友。为进一步加深被害人的信任，被告人及同案犯还发送专业医学证照，冒充医生、专家、教授、康复师等身份，利用"专业权威"夸大被害人疾病的严重程度，诱导被害人上当受骗。被告人与同案犯自创了专业术语的话术单，涉及男科、女科、耳科、气血调理等，涵盖了询问病情、分析诊断、介绍药效、开具药方等具体流程，只要被害人有相应病症，就复制粘贴相应的话术应答。在被害人提出线下面诊的要求时，则以接诊患者太多、配制药材工序复杂没有时间等借口回绝。

市售普通药物，吹嘘治疗效果

被告人及同案犯将批量生产的成品药包装成"单人单

方"，将根据价格随意搭配的药品包装成"针对客户情况专门熬制"，将售价远高于市场价的非处方药、保健品、食品包装成"几十种名贵药材熬制浓缩成的胶囊"，根据被害人的实际经济承受能力而非病情随意凑单配药。被告人及同案犯还夸大"神药"疗效，在微信朋友圈发送虚构的客户用药反馈，承诺药到病除，甚至在面对被害人反映药效不佳时，利用话术将其归咎为被害人自身原因，诱骗被害人购买更多药物，在面对被害人质疑所售"神药"只是市售的普通药物时，则谎称是借用了其他药物的包装，实为特效药。

经查，被告人所涉犯罪数额共计 59 万余元，综合犯罪数额等情节，一审法院依法以诈骗罪判处被告人有期徒刑 4 年，并处罚金人民币 3 万元；违法所得依法发还各被害人。被告人不服，上诉至上海一中院。上海一中院经审查，裁定维持一审判决。

 **法官说法**

本案中，上诉人及同案犯冒充专业医务人员以网络问诊的形式实施诈骗。传统中医讲究"望闻问切"，多要经当面为患者问诊方能作出诊断，承诺网络问诊即可定制药方要警惕。上诉人及同案犯售卖的"神药"实为非处方药、保健品、食品，其中保健品和食品不能替代药物，非处方药也仅适用于可自我认识和辨别症状且能自我治疗的疾病，且不同的人对药物作用

的反应是不同的，承诺在短期内治愈、彻底根治之类的宣传广告是不符合医学规律的。

本案中的被害人为老年人，犯罪分子利用老年人对互联网的陌生、对治愈疾病的迫切，实施了诈骗行为。每个人都会变老，面对养老诈骗犯罪，需要司法机关不断加大对侵害老年人犯罪的打击力度，社会层面不断提升对老年人权益保护的重视程度，子女不断加强对父母平日生活的关爱，各方共同协力，让老年人有质量、有尊严地安度晚年。

文：张微

后 记

　　《身边法律事》一书精选了近些年在上海市第一中级人民法院官方微信公众号《案件速递》栏目推送的41个典型案例，这些案例与人民群众生活息息相关，也展示了法官、法官助理们的审判智慧和为民情怀。在本书付梓之际，感谢中国法制出版社的大力支持，感谢参与案例故事撰写、法律知识解读以及本书编校的各位同仁，同时也感谢一路以来关心、支持上海市第一中级人民法院普法工作的各界人士和广大读者朋友们！

　　本书如有疏漏之处，敬请读者批评指正。

上海市第一中级人民法院

2024年6月